L'Allemagne doit-elle éternellement payer pour ses voisins ?

Allemagne d'hier et d'aujourd'hui

Collection fondée et dirigée par Thierry Feral

L'Histoire de l'Allemagne, bien qu'indissociable de celle de la France et de l'Europe, possède des facettes encore relativement méconnues. Le propos de cette collection est d'en rendre compte.
Constituée de volumes facilement abordables pour un large public, tout en préservant le sérieux et l'érudition indispensables aux sciences humaines, elle est le fruit de travaux de chercheurs d'horizons très variés, tant par leur discipline, que leur culture ou leur âge.
Derrière ces pages, centrées sur le passé comme sur le présent, le lecteur soucieux de l'avenir trouvera motivation à une salutaire réflexion.

Dernières parutions

Ralph KEYSERS, *L'enfance nazie. Une analyse de manuels scolaires (1933-1945)*, 2013.
Ludwig DERLETH, *Poèmes du coran franc*, 2013.
Didier CHAUVET, *Hitler et le pustch de la Brasserie. Munich, 8/9 novembre 1923*, 2012.
Ralph KEYSERS, *Der Stürmer, instrument de l'idéologie nazie*, 2012.
Marie-Laure CANTELOUBE, *Anna Seghers et la France*, 2012.
Jacques MEINE (sous la dir. de), *Edmond Vermeil, le germaniste (1878-1964). Du Languedocien à l'Européen*, 2012.
Evelyne BRANDTS, Rainer RIEMENSCHNEIDER, *Déchirures culturelles, expériences allemandes. Les rapports de civilisations dans l'œuvre de Catherine Paysan,* 2012.
Didier CHAUVET, *Le nazisme et les Juifs. Caractères, méthodes et étapes de la politique nazie d'exclusion et d'extermination,* 2011.
Ralph KEYSERS, *L'intoxication nazie de la jeunesse allemande*, 2011.
Hanania Alain AMAR, *Arthur Koestler, La rage antitotalitaire, Essai*, 2011.
Titus MILECH, *Le lieu du crime. L'Allemagne, l'inquiétante étrange patrie*, 2011.

Christian SPIEKER

L'Allemagne doit-elle éternellement payer pour ses voisins ?

L'Harmattan

5-7, rue de l'École-Polytechnique ; 75005 Paris

http://www.librairieharmattan.com
diffusion.harmattan@wanadoo.fr
harmattan1@wanadoo.fr

ISBN : 978-2-336-29393-6

EAN : 9782336293936

Je dédie ce livre à ma femme pour son soutien qui m'est précieux. Elle trouvera ici toute ma gratitude.
Ma gratitude va aussi à Monsieur Thierry Feral qui a accepté la publication de ce livre dans cette collection « Allemagne d'hier et d'aujourd'hui » dont il est le directeur.

Prologue

Face à cette crise dans la zone euro qui n'en finit pas et qui oblige l'Allemagne à mettre davantage la main à la caisse, les Allemands sont de plus en plus inquiets.

Les pays du Sud de l'Europe en veulent beaucoup à la chancelière allemande pour sa générosité limitée et ne comprennent pas pourquoi l'Allemagne, la première économie de l'Europe ne va pas mettre son carnet de chèques à leur disposition pour relancer la croissance. La chancelière ne cesse de subir une forte pression de la part de ces pays depuis le début de la crise. Mais elle a résisté jusqu'au bout. Sa forte personnalité ne cesse d'ailleurs d'impressionner François Hollande car il rêvait de prendre le leadership de la zone euro après son élection du 6 mai 2012. Il croyait qu'elle allait facilement céder à ses exigences en matière de politique européenne, par exemple en ce qui concerne la mutualisation des dettes souveraines des États de la zone euro appelées communément les Eurobonds ou les euro-obligations.

Mais Hollande fonde encore son espoir sur la victoire éventuelle de ses alliés du SPD aux élections du 22 septembre 2013 afin de montrer aux Français qu'il est un homme de parole qui peut tenir ses promesses. Mais quelle illusion de sa part quand on voit que le SPD est à la traîne dans les sondages en Allemagne ! Que peut changer la victoire du SPD dans la politique de Hollande en France ? Naïveté ou Réalisme ? Le 22 septembre 2013 sera une date particulière pour François Hollande et la chancelière Angela Merkel car la tension n'est pour le moment qu'en veilleuse entre les deux dirigeants, en attendant l'issue des élections.

Cette date est celle de la défiance politique. Mais après tout, c'est l'électeur qui choisira entre le SPD et la CDU et il le fera en défendant ses intérêts en tant que contribuable. La politique européenne va peser lourd dans le choix des électeurs le 22 septembre 2013 car les Allemands ont peur de porter pendant longtemps le fardeau de la crise qui secoue la zone euro. La proposition de Hollande sur les Eurobonds dans la zone euro fait peur à l'électeur allemand, qu'il soit de gauche ou de droite. N'est-ce pas même la raison pour laquelle le SPD peine à remonter dans les sondages ? Mais une chose est certaine : accepter les Eurobonds que préconise François Hollande dans la zone euro sans les instruments de contrôle efficaces préalables au niveau européen serait pénible pour le contribuable. L'Allemagne seule ne pourra pas garantir toutes les dettes des pays de la zone euro. C'est une réalité évidente et objective.

La force économique de l'Allemagne n'est pas sans limite. Les Allemands s'inquiètent pour leur économie.

Mes réflexions portent principalement sur la tension qui règne entre Paris et Berlin depuis l'arrivée de François Hollande à l'Élysée. Une tension qui a pris sa source dans la campagne présidentielle et qui pourrait se prolonger sans doute durablement dans le temps. On se souvient même que la chancelière Angela Merkel n'a pas souhaité recevoir à Berlin François Hollande qui en avait fait sa demande pendant la campagne présidentielle en 2012. Face à une crise qui nécessite des réformes structurelles, il faut des décisions courageuses de sa part. On dit souvent sagement : « *aux grands maux les grands remèdes* ». Les remèdes de Hollande sont-ils adaptés à la crise?

Pourquoi Hollande ne voudrait-il pas prendre le taureau par les cornes ? C'est la seule manière de maîtriser la crise et surmonter les difficultés actuelles.

La chancelière s'est montrée intraitable face aux pressions de ses homologues européens et elle a eu raison de l'être.

Elle oppose son refus ferme et catégorique sur les Eurobonds à chaque fois que la question est mise sur la table, jusqu'à déclarer mardi 26 juin 2012 lors d'une visite à la section fédérale du FDP (parti libéral allemand) à Berlin que « Solange ich lebe, keine Eurobonds[1]… » (« qu'aussi longtemps qu'elle vivra, il n'y aura pas d'Eurobonds… »). Avant de se montrer un peu plus souple au sommet de Bruxelles des 28 et 29 juin 2012 en faveur de l'Italie et l'Espagne, ce que la presse des quatre pays de la zone euro concernés (Italie, France, Espagne, Allemagne) ont considéré comme une victoire du trio (Monti, Hollande et Rajoy) sur Angela Merkel.

172 économistes et universitaires allemands, par une lettre ouverte à leurs concitoyens, n'ont pas tardé à réagir, une semaine après ce Conseil européen des 28 et 29 juin 2012, pour alerter les Allemands sur ces nouveaux accords portant sur l'Union Bancaire (UB) et l'utilisation du Mécanisme Européen de Stabilité (MES) qu'ils considèrent comme une erreur de décision de la part de la chancelière. Selon eux, la chancelière n'aurait pas dû céder face à ces mesures qui auront des impacts directs sur le contribuable allemand. Ladite lettre a été publiée le 5 juillet 2012 dans son intégralité dans le quotidien de Francfort (*Frankfurter Allgemeine Zeitung*).

Je me suis intéressé au présent essai après le premier tour de la présidentielle du 22 avril 2012 quand je commençais à avoir la ferme conviction que François Hollande gagnerait aux élections et deviendrait le prochain président

1. Angela Merkel : « Solange ich lebe, keine Eurobonds » lors de sa visite à la section fédérale du FDP (parti libéral allemand) à Berlin le 26 juin 2012.

de la République, ce qui serait une bonne chose pour la France car il chercherait à rassembler les Français et à apaiser les tensions entre eux. Mais en même temps, je ne pouvais pas non plus ignorer le sort du couple franco-allemand sous le quinquennat Hollande.

À la lecture de son programme économique auquel l'Allemagne se montrait réservée pendant la campagne présidentielle, je voyais que ses relations avec la chancelière Angela Merkel allaient être tendues. Il donnait alors l'impression qu'il défierait Angela Merkel et Nicolas Sarkozy avec l'idée de renégocier le pacte budgétaire pour la croissance. Ce faisant, il tenterait de créer sa zone d'influence parmi les pays du Sud pour contrecarrer la chancelière qui se montrait inflexible et intraitable au sujet de ses promesses de campagne que l'Allemagne trouvait dangereuses et inadaptées à cette crise mais qu'il voudrait pourtant à tout prix mettre en œuvre, à savoir : les Eurobonds, la renégociation du pacte budgétaire (dont il conditionne la ratification par le rajout du pacte de croissance), l'élargissement du rôle de la BCE (Banque Centrale Européenne) qui pourrait intervenir directement pour aider les pays en difficulté (qui ne sont autres que les pays du Sud), le refus de l'inscription de la règle d'or budgétaire dans la constitution française. Autant de promesses de campagne qui ont poussé la chancelière Angela Merkel à sortir de sa réserve pour soutenir Nicolas Sarkozy, le président sortant en campagne. La détérioration des relations franco-allemandes, qui a pris sa source dans les thèmes de campagne de François Hollande, sera sans précédent dans l'histoire de la Ve République française. Les raisons de ce changement sont faciles à deviner mais les conséquences pendant ce quinquennat pour les deux pays sont imprévisibles.

Après le 6 mai 2012, ce n'est pas seulement « le destin d'un homme qui a changé » mais celui du couple franco-allemand risquerait aussi de changer pendant ce quinquennat.
Il faut dire que la politique européenne est le fruit d´un long chemin et d´une volonté commune des chanceliers allemands de tout bord politique et des présidents successifs français de la Ve République sans laquelle rien ne serait possible. Du côté français, celui que j'ai le plus apprécié fut Valéry Giscard d'Estaing. À mon avis, il est le plus européen, car il s'est beaucoup investi pour les relations franco-allemandes. Il est d'ailleurs né à Coblence, en Allemagne, dans une ville ouverte sur le Rhin et la Moselle, très touristique en raison de son charme et de son accueil. La ville de Coblence non loin de Trèves, est la seconde ville du Land Rhénanie-Palatinat (Rheinland-Pfalz) dont Mayence (Mainz) est la capitale.
Du côté allemand, Konrad Adenauer, Helmut Schmidt et Helmut Kohl ont beaucoup œuvré pour l'Europe afin d'y ramener la paix et surtout pour une bonne relation entre la France et l'Allemagne. Il en est de même du côté français tels que de Gaulle et ses successeurs. L'année prochaine, la France et l'Allemagne célébreront le 50e anniversaire du traité de l'Élysée signé le 22 janvier 1963 entre de Gaulle et Konrad Adenauer. C'est ce traité de coopération franco-allemande qui a marqué un départ significatif d'amitié pour les deux pays, les deux ennemis d'hier.
Si François Hollande veut aussi marquer l'histoire de l'Europe dans sa construction comme ses prédécesseurs à l'Élysée l'ont fait, il lui est conseillé de travailler dans un climat de confiance et d'harmonie avec son homologue allemande Angela Merkel. L'avenir de la zone euro passe d'abord par les relations franco-allemandes et se jouera à travers leur entente dans les jours difficiles qui s'annoncent et les crises qui se multiplient. Quand il n'y a

pas de confiance entre amis ou partenaires, aucune relation sérieuse de travail ne peut se nouer. Le nouveau président François Hollande a bien fait de se rendre en Allemagne dès le jour de son investiture. C'est une marque d'amitié. C'est un bon signe.
Malgré le mauvais temps de ce jour-là et son avion qui a été touché par la foudre, il a pu courageusement repartir avec un autre avion à Berlin. Tout cela donne un bon signe et une bonne volonté de travailler ensemble avec l'Allemagne. Ce geste a été salué dans l'entourage de la chancelière Angela Merkel. Mais il doit aussi montrer cette volonté d'amitié dans les déclarations, pour rassurer son homologue allemande. Dans la culture allemande, les relations de confiance sont primordiales pour le succès dans le travail. C'est à Hollande de prouver aussi qu'ils pourront travailler ensemble malgré sa prise de position et sa divergence de vue, car ils seront obligés de travailler ensemble jusqu'en 2017. Elle a cette chance aujourd'hui, d'après les sondages qui se suivent et se ressemblent en Allemagne sur sa popularité en matière de politique européenne. Pour une bonne entente avec l'Allemagne, il faudrait qu'il cherche d'abord à se pencher sur la culture allemande pour mieux comprendre Angela Merkel, et il a la chance d'avoir un Premier ministre, Jean-Marc Ayrault, qui connaît cette culture allemande. C'est un pays où la discipline et la rigueur sont essentielles et ancrées dans les esprits et les habitudes, que ce soit au travail ou dans la vie quotidienne. Les relations de travail sont basées sur la confiance. C'est une règle de conduite dans la culture allemande.

Mais au-delà de tout cela, la volonté réelle de François Hollande de rompre avec les relations traditionnelles franco-allemandes n'a-t-il pas pour objectif d'affirmer son leadership face à Angela Merkel dans la zone euro, d'autant plus qu'il n'a cessé de reprocher à son prédécesseur, Nicolas Sarkozy, d'avoir fait du suivisme vis-à-vis de l'Allemagne en matière de politique européenne ? Si on analyse sa stratégie mise en œuvre pour isoler Angela Merkel en Europe et l'affaiblir en Allemagne, on ne peut pas douter que François Hollande est en quête de leadership dans la zone euro. Cette stratégie ne va-t-elle pas compliquer la crise de l'euro qui nécessite une entente entre la France et l'Allemagne pour une solution urgente et efficace alors que la Grèce, l'Espagne, l'Italie s'enfoncent chaque jour davantage dans cette crise ? Si on peut reprocher à Nicolas Sarkozy sa politique nationale (ce qui lui a d'ailleurs valu sa défaite le 6 mai 2012), ne peut-on pas dire avec objectivité qu'il a quand même réussi en matière de politique européenne et bien amorcé la crise grecque ? Autant de questions qui nécessitent une analyse objective de notre part car la subjectivité nous conduirait à coup sûr à l'impasse.

Le lecteur pour sa part est invité à se mettre davantage à la place du contribuable allemand pour comprendre la position de la chancelière souvent pointée du doigt. Il est évident que nous assisterons à un bras de fer qui s'apparentera à une période de cohabitation entre Hollande et Merkel.

Chapitre 1

Hollande en quête de leadership dans la zone euro

François Hollande est conscient que l'Allemagne joue un rôle important dans l'économie de l'Europe en tant que première puissance économique mais il a fait tant de promesses de campagne qui vont à l'encontre de la discipline économique et budgétaire dans la zone euro.

A-t-il réellement les moyens économiques pour tenir ses promesses de campagne en ce temps de crise budgétaire dans la zone euro, ou bien en faisant ses promesses, misait-il sur l'argent de l'Europe avec la seule idée en tête que : « l'Allemagne paiera » ? Il a sous-estimé la fermeté de la chancelière Angela Merkel. La dernière fois, le 15 juin 2012 où celle-ci a dénoncé avec fermeté les « *solutions faciles et rapides* » que propose François Hollande pour résoudre la crise.

Confronté ainsi à cette fermeté de la chancelière allemande, François Hollande a désormais opté pour une stratégie d'isolement et d'affaiblissement de la chancelière avec des conséquences imprévisibles sur les relations franco-allemandes si précieuses pour le couple franco-allemand. Cette stratégie est triple :

- d'abord faire de l'Italien Mario Monti et de l'Espagnol Mariano Rajoy, ses nouveaux alliés afin de les rassembler autour de lui pour faire plier l'Allemagne ;

- ensuite chercher à bien s'entendre avec les dirigeants des institutions européennes dont la plupart parlent français : c'est le cas du président de l'Eurogroupe, le Luxembourgeois Jean-Claude Juncker, le président du Conseil européen, le Belge Herman Van Rompuy, et le président de la Commission européenne, le Portugais Manuel Barroso ;
- enfin chercher à affaiblir Angela Merkel à l'intérieur même de l'Allemagne en se rapprochant des dirigeants du SPD, principal parti d'opposition dont Angela Merkel a de temps en temps besoin pour les décisions importantes au Bundestag, comme cela a été le cas du pacte budgétaire le 29 juin 2012.

Voilà les trois stratégies que le nouveau président français, veut utiliser pendant ce quinquennat pour tenter de s'imposer dans la zone euro face à la chancelière Angela Merkel. Sont-elles de bonnes stratégies pour le couple franco-allemand ? Je ne pense pas du tout. Très sincèrement, avec quel pays de l'Union européenne, le président François Hollande voudrait-il construire l'Europe ? Avec les pays du Sud dont la vertu budgétaire fait défaut et qui sont actuellement en difficulté ? En empruntant ce chemin erroné, le président François Hollande abîmera inévitablement l'amitié franco-allemande que ses prédécesseurs ont mis du temps à construire en commençant par la rencontre entre le général de Gaulle et Konrad Adenauer le 8 juillet 1962 à la cathédrale de Reims, pour la réconciliation après la guerre. Commémoration du 50e anniversaire à Reims à laquelle la chancelière s'est rendue le 8 juillet 2012 aux côtés de son homologue François Hollande dans une période de tension entre les deux dirigeants. Vouloir isoler l'Allemagne et affaiblir sa chancelière c'est en même temps vouloir affaiblir cette amitié franco-allemande et l'Europe.

François Hollande supporte mal le leadership allemand en Europe et reproche à Nicolas Sarkozy de n'avoir pas su s'imposer face à Angela Merkel dans les décisions européennes à Bruxelles. Lui-même n'a pas manqué de dire pendant la campagne présidentielle qu'il voudrait une relation équilibrée entre la France et l'Allemagne, d'où ses tactiques de contournement pour nouer des relations de travail avec l'Italie et l'Espagne. Ce bras de fer sans précédent dans la Ve République française entre un président français et une chancelière allemande n'arrange pas l'Europe en pleine crise de l'euro.
Le couple franco-allemand n'est pas un choix mais un couple de raison c'est-à-dire de nécessité au regard de l'histoire des deux pays. Ils sont obligés de s'entendre.
La détérioration de leurs relations aura des impacts directs non seulement sur l'Europe en pleine crise budgétaire mais aussi sur l'électeur allemand dans son choix entre le candidat du SPD et la chancelière Angela Merkel candidate à sa propre succession pour la CDU/CSU. L'orientation de la politique européenne du prochain chancelier ou de l'actuelle chancelière aura un impact direct sur l'économie allemande en tant que première puissance économique de l'Europe et première contributrice au budget européen. Le contribuable allemand en est conscient et cela orientera son choix. Cette crise monopolise actuellement les débats en Allemagne.

En tant que citoyen allemand et par ricochet citoyen européen, de surcroît francophone et ayant fait mes études de droit en France jusqu'au doctorat, un pays que je connais aussi bien dans sa culture comme dans sa mentalité, je m'interroge sur le « devenir » de ces relations franco-allemandes au lendemain de la victoire de François Hollande. D'où mon envie de mener mes réflexions et analyses dans ce livre qui est pour moi, plus un devoir citoyen qu'un droit d'écrire à un moment crucial de la crise de l'euro. J'analyse et tente de présager ici les impacts que la tension entre le président français François Hollande et la chancelière allemande Angela Merkel pourraient provoquer chez l'électeur allemand entre le candidat du SPD et la chancelière, candidate de la CDU à sa propre succession. Le SPD en profitera-t-il par l'effet de la victoire de François Hollande à l'Élysée en tant que Président socialiste et de même bord politique que le SPD ou au contraire, ce parti en fera-t-il les frais du fait du rapprochement de ses dirigeants avec le Président François Hollande avec dessein d'affaiblir Angela Merkel au Bundestag (chambre basse du parlement allemand) et de l'isoler en Europe? La réponse est discutable mais la deuxième hypothèse me paraît la plus probable pour plusieurs raisons évidentes. Pour cela, je dis d'emblée sans détour que la grande prudence aussi bien à Hollande qu'à ses alliés du SPD (die Sozialdemokratische Partei Deutschlands) serait recommandable pour ne pas rendre l'électeur allemand méfiant de ce rapprochement car le grand gagnant dans ce bras de fer sera la chancelière Angela Merkel à mon avis. Ce bras de fer lui sera profitable, me semble-t-il. Il est évident et bien réel que la chancelière est soutenue par la majorité des Allemands dans sa politique européenne y compris moi-même en tant que citoyen allemand. Or, c'est la crise européenne qui sera l'enjeu de ces élections en Allemagne et le SPD risque de perdre, un parti pour lequel j'ai pourtant toujours voté, d'où mon conseil avec beaucoup du respect pour François Hollande et à ses alliés du SPD de ne pas heurter l'opinion allemande par leur tentation d'affaiblir et d'isoler la chancelière. En se ralliant à Hollande avec la stratégie de compliquer la tâche de Merkel et ternir sa popularité en Allemagne, les dirigeants du SPD vont à l'encontre des intérêts allemands que la chancelière défend farouchement et, par conséquent, risquent de se faire sanctionner aux urnes par le contribuable allemand, fatigué de cette idée aujourd'hui fortement ancrée dans les esprits en France qui consiste à dire que « *l'Allemagne paiera* », expression venant de Louis Klotz, ministre de l'Économie de Georges Clemenceau datant de 1917 et reprise par Christine Kerdellant dans sa chronique[2] du 7 octobre 2011. Je dirais au contraire avec ironie que le « *Boche ne paiera plus* ». C'est terminé. En continuant à signer des chèques en blanc pour aider ses voisins en difficulté, au détriment de son propre peuple qui travaille dur et fait tant de sacrifices, l'Allemagne est souvent prise pour « *une vache à lait* » et Angela Merkel apparaît actuellement aux yeux de la majorité des Allemands comme celle qui protège le mieux, leurs intérêts contre la mutualisation des dettes souveraines des États (Eurobonds) souhaitée et défendue par François Hollande. Plus la crise de l'euro dure et s'étale dans le temps et dans l'espace aux pays comme l'Espagne et l'Italie, plus les engagements financiers de l'Allemagne deviendront de plus en plus lourds en Europe et plus encore l'esprit s'échauffera chez le contribuable allemand. C'est tout le sujet de ce livre, décortiqué avec audace et citoyenneté, sans tabou ni faiblesse, à base de la crise de l'euro, de l'Europe, des promesses de campagne de Hollande démesurées et inadaptées à la crise actuelle, de la méfiance des Allemands du rapprochement Hollande-SPD et du soutien majoritaire des Allemands à la chancelière Angela Merkel pour sa grande fermeté en matière de politique européenne qui la conduira inévitablement à la victoire de 2013 pour son 3e mandat.

2. Christine Kerdellant, rédactrice pour *l'Express* de « L'Allemagne paiera », article publié dans *l'Express* du 7 octobre 2011.

L'Allemagne, première puissance économique de la zone euro est en même temps première partenaire économique de la France au sein de l'Union. Les relations politiques entre les deux pays sont aussi importantes économiquement. Il en est de même de leur entente pour l'Europe. Les deux pays sont toujours considérés comme moteur de l'Europe. Mais depuis l'arrivée de François Hollande à l'Élysée, les relations sont devenues tendues et se détériorent entre la France et l'Allemagne. La confiance vole en éclat. Le fossé se creuse entre les deux pays considérés pourtant comme indispensables pour l'Europe. Si leur entente est en panne, c'est toute l'Europe politique et économique qui risque d'être en panne en pleine crise de l'euro. Pour cette raison, ils sont condamnés à s'entendre, mais jusqu'à quel prix pour l'Allemagne ? Soucieux donc d'une harmonie dans le couple franco-allemand pour la conduite des affaires européennes, chaque dirigeant de ces deux pays souhaite naturellement voir à l'issue de nouvelles élections, sans pouvoir le dire ouvertement, un nouvel homologue avec qui il pourrait parfaitement s'entendre. La chancelière allemande a même ouvertement affiché son soutien à Nicolas Sarkozy avec qui elle s'entendait bien et s'est inquiétée de sa probable défaite le 6 mai 2012 au vu des sondages successifs en France pendant la campagne présidentielle qui donnaient gagnant François Hollande. Cette préférence affichée de la chancelière au président sortant Nicolas Sarkozy a suscité un peu de critique au sein même de la classe politique allemande et même amené le ministre allemand des Affaires étrangères Guido Westerwelle, issu du parti libéral (FDP), à appeler à la prudence en rappelant que l'Allemagne travaille toujours et travaillera avec tout candidat que le peuple français aura choisi comme président. La chancelière, par son porte-parole, s'est défendue de l'avoir fait parce que Sarkozy et elle-même sont de même bord politique. Inversement, les dirigeants du SPD n'ont pas caché non plus leur soutien à François Hollande, candidat socialiste français et se sont déplacés à Paris pour le soutenir pendant la campagne et s'afficher à ses côtés. Ce dernier aussi en fera de même sans doute pour ses amis du SPD lors des élections législatives de 2013 qui feront l'objet de toutes les attentions en France ; car l'enjeu est de taille pour François Hollande qui souhaite vraiment voir ses alliés sociaux-democrates du SPD remporter ces élections au cours desquelles le nouveau chancelier sera choisi ou le mandat d'Angela Merkel sera renouvelé encore pour quatre ans. Un pari risqué pour Hollande. Il faut être honnête pour dire que les relations entre Hollande et Merkel ne seront pas bonnes durant ce quinquennat et je ne sais pas ce qui pourrait arranger cette situation. Disons clairement que l'un (Hollande) veut en plus de la mutualisation des dettes souveraines européennes (Eurobonds) un projet de croissance pour atteindre ses promesses de campagne mais selon l'autre (Merkel), adepte de la discipline budgétaire et de la rigueur, la croissance ne doit pas consister à creuser davantage le déficit mais à ramener de l'équilibre budgétaire, donc une croissance qui doit passer par des réformes structurelles. Pour cette raison, la chancelière reste méfiante à propos de cette idée ambiguë de « *croissance* » et voyait derrière ce mot une manière de faire payer par l'Allemagne les promesses démesurées de campagne de François Hollande. Disons franchement qu'au temps de Nicolas Sarkozy à l'Élysée, Angela Merkel et ce dernier arrivaient souvent à trouver un terrain d'entente dans leurs discussions, ce qui ne serait pas le cas avec François Hollande, du moins pour ce qui est de ce début qui me semble difficile. Il est fort intéressant de s'interroger si cette divergence d'approches entre les deux dirigeants (Hollande-Merkel) peut être une chance ou bien un obstacle pour Angela Merkel face au candidat du SPD à ces élections de 2013 ? C'est là que la stratégie politique aura toute sa valeur et son sens pour les deux camps car il faut le reconnaître et les politologues allemands savent que la crise de l'euro aura un impact direct sur ces élections législatives en Allemagne.

Il ne s'agit pas ici d'un livre historique consistant à jeter un regard rétrospectif sur l'histoire politique commune des deux pays mais plutôt à avoir un regard prospectif et soucieux de ce que deviendra ce couple franco-allemand sous le mandat de Hollande, étant donné que ce couple est toujours considéré comme moteur de l'Europe à un moment de profonde divergence entre les deux dirigeants.

Je signale tout de suite qu'en ce qui concerne mon appartenance politique en tant que citoyen allemand, je n'ai adhéré pour le moment à aucun parti politique, mais que j'ai jusqu'ici voté pour le SPD aussi bien lors des élections communales, régionales que fédérales depuis que je suis devenu allemand. Mais pour les élections législatives prochaines du Bundestag, mon vote serait sans doute différent car je voterai, en tenant compte de cette crise de l'euro, pour un candidat mieux placé pour défendre les intérêts du contribuable allemand face à la crise et le protéger contre la mutualisation des dettes que je trouve désastreuse pour l'économie allemande. Pour l'instant, je ne cache pas mon intention de voter pour la chancelière Angela Merkel à sa propre succession car elle mène une bonne politique pour l'Allemagne. J'aime sa fermeté en matière de politique européenne.

Ce faisant, je prends position clairement non pas en tant que membre adhérent de la CDU (die Christlich-Demokratische Union) ou du SPD (die Sozialdemokratische Partei Deutschlands) mais en tant que citoyen allemand prêt à défendre l'économie allemande comme tout citoyen le ferait pour son pays.

On a vu aisément que pendant la campagne présidentielle française de 2012, le SPD, (Parti social-démocrate) était du côté de François Hollande en tant que candidat socialiste alors que la chancelière allemande Angela Merkel issue de la CDU (l'Union chretienne-démocrate), soutenue par la majorité des Allemands dans sa politique européenne face à la crise grecque, aurait souhaité que soit réélu Nicolas Sarkozy pour pouvoir continuer avec lui ce qu'ils ont commencé ensemble pour lutter contre cette crise qui secoue l'Europe. De ce fait, elle n'avait pas fait ce choix, me semble-t-il, en fonction de la personnalité des deux candidats (Sarkozy et Hollande), mais au regard du programme économique et de la sensibilité politique des deux candidats. De plus, elle connaît déjà Nicolas Sarkozy avec qui elle a plusieurs fois travaillé en tant que président mais n'a jamais rencontré François Hollande avant les élections présidentielles. Pour elle, c'est comme un saut dans l'inconnu et elle ne sait pas là où elle finira par se jeter.

La crise grecque qui s'étend à l'Espagne et aussi à l'Italie est inquiétante et nécessite une entente coordonnée entre la France et l'Allemagne pour pouvoir vite trouver une solution de concert. Mais le chemin à parcourir me paraît encore long, car les méthodes pour venir à bout de la crise sont différentes entre les deux dirigeants.

Les économistes de renom, mise à part la politique politicienne, sauront qui des deux dirigeants a raison et qui a tort tout en se posant la question de savoir quelle serait l'attitude de François Hollande face aux Eurobonds s'il était à la place de la chancelière Angela Merkel en tant que chancelier ? Il agirait évidemment de la même façon.

L'intérêt national oblige.

Ainsi cette crise, à mon avis, va dominer la campagne des élections législatives en Allemagne et va largement influencer le choix des électeurs allemands pour leur prochain ou prochaine chancelier(e). Pour ce faire, il est de bonne curiosité intellectuelle et politique de ma part d'imaginer si François Hollande en tant que président socialiste nouvellement élu en France serait pour ses alliés du SPD un atout ou au contraire si leur rapprochement pourrait désavantager le candidat de ce parti face à Angela Merkel, qui sera sans doute candidate de la CDU à sa propre succession ? Tout dépendra de la façon dont les Allemands perçoivent actuellement et percevront les mois à venir, la crise de l'euro et le rapprochement entre Hollande et les dirigeants du SPD.

Ce peuple allemand choisira celui ou celle qui est mieux placé(e) pour protéger ses intérêts dans la crise de l'euro qui pourrait entraîner l'Allemagne vers le bas si elle continue sans cesse de renflouer les déficits des pays voisins. Hier c'était l'Irlande et le Portugal. Aujourd'hui c'est la Grèce, l'Espagne et l'Italie. Demain ce sera peut-être la France et après-demain le tour de l'Allemagne elle-même. L'Allemagne pourra-t-elle supporter tout ce poids sans qu'elle-même ne tombe ? C'est la question que bon nombre d'Allemands se posent aujourd'hui et se montrent de plus en plus perplexes.

Chapitre 2

Les tactiques de rapprochement avec le SPD, parti d'opposition allemande

Le 13 juin 2012, le responsable du SPD Sigmar Gabriel, le président du groupe parlementaire du SPD au Bundestag Frank-Walter Steinmeier et l'ex-ministre des Finances Peer Steinbrück du SPD étaient invités à Matignon par le Premier ministre et à l'Élysée par le président de la République. La stratégie était évidemment d'affaiblir Angela Merkel en Allemagne et la faire plier aux exigences de la France. Certes, les dirigeants du SPD ont le droit de critiquer la chancelière Angela Merkel mais à mon avis que cela se fasse en Allemagne en tant que parti d'opposition mais pas à l'étranger. Ce n'est pas normal qu'ils aillent la critiquer à Paris alors qu'ils savent bien que depuis l'élection de François Hollande, il y a tension entre Paris et Berlin. On dit souvent que « le linge sale se lave en famille ». S'ils ont des critiques à faire à la chancelière sur sa politique européenne, c'est en Allemagne de lui en faire mais pas à Paris contre les intérêts de l'Allemagne pour la seule raison idéologique du parti. Je ne pense pas que ce soit une bonne chose. L'idéologie du parti doit être mise de côté en temps de crise pour soutenir la chancelière.

Certes, la victoire du SPD aurait pleinement arrangé François Hollande. Elle lui aurait permis de parvenir à ses promesses de campagne car il est plus facile pour lui de convaincre ses alliés du SPD qu'Angela Merkel. Mais ce souhait serait-il réalisé ou réalisable dans une Allemagne majoritairement hostile au programme économique de François Hollande qui mettra à mal l'économie allemande, alors qu'Angela Merkel reste populaire dans sa politique de discipline budgétaire face à cette crise ? De toutes les façons, cette expression *« Solange ich lebe, keine Eurobonds... »* précitée plus haut, et qui aurait été prononcée par Angela Merkel devant la section fédérale du FDP à Berlin le mardi 26 juin 2012 pour marquer son opposition farouche aux Eurobonds, restera dans l'histoire de l'Allemagne et celle des Eurobonds. Pour Angela Merkel, comment ne pas vouloir faire des réformes (dont l'Allemagne elle-même a tant souffert avant d'être ce qu'elle est aujourd'hui) et espérer atteindre la croissance ? C'est ce que la chancelière qualifie de « solutions faciles et rapides », donc médiocres comme conséquences pour l'Allemagne. La croissance, certes, mais avant la croissance il faudrait d'abord fournir les efforts qui entraîneront durablement cette croissance. Pour espérer voir ses alliés du SPD gagner, François Hollande devrait créer une atmosphère d'entente entre lui et la chancelière Angela Merkel pour ne pas froisser l'électorat allemand. Actuellement, Hollande n'arrive pas à convaincre la chancelière et la confiance s'effrite, car il donne l'impression de vouloir utiliser la stratégie d'isolement et d'affaiblissement. Or ce faisant, il agace Angela Merkel qui n'a pas manqué de réagir vivement au Bundestag le 14 juin 2012 devant les députés et le lendemain le 15 juin devant la fédération des entreprises familiales pour dénoncer les propositions du président français qui lui paraissent inadaptées à la crise. Hollande a besoin d'un stratège, d'un bon connaisseur de l'Allemagne pour mieux le conseiller afin de ne pas compromettre la chance de ses alliés du SPD face à Angela Merkel.

Je pense que Jean-Marc Ayrault pourrait jouer ce rôle car la tension entre Hollande et Merkel ne résoudra pas cette crise puisque (il faut le dire) le socialisme français n'est pas transposable en Allemagne, même au sein du SPD. Ce sont deux pays avec deux cultures différentes. Le socialisme français et le socialisme allemand ne sont pas les mêmes, même si leur idéologie commune est de promouvoir une économie sociale. En cas de crise économique et sociale, le socialisme allemand peut faire des réformes qui s'imposent alors que le socialisme français ne pourra pas y parvenir. Les dures réformes de Gerhard Schröder (pourtant socialiste) engagées et réussies en témoignent.
Si le SPD défend ouvertement en Allemagne la position de François Hollande, la chancelière Angela Merkel n'hésitera pas à taper fort sur leur programme pendant la campagne en dénonçant le risque que la victoire du SPD pourrait constituer pour l'économie allemande avec les idées d'Eurobonds avancées par François Hollande. Partant de là, la prudence est conseillée à ce dernier pendant le temps qui nous sépare du 22 septembre 2013 s'il veut voir ses alliés du SPD gagner car à mon avis et par analyse, les Allemands auront une attitude méfiante à l'égard de ce parti, de peur de voir ses dirigeants adopter la position de François Hollande et son programme à l'économie allemande une fois gagner les élections. Pour cette raison, les électeurs seront tentés de préférer Angela Merkel au candidat du SPD. Cette prudence pour Hollande consistera à ne pas se montrer toujours intransigeant face à Angela Merkel et surtout à ne pas se camper sur sa position des Eurobonds, une idée qui agace les Allemands. Ou bien s'il ne voudrait pas donner l'impression en France qu'il a jeté l'éponge face à la fermeté de la chancelière et dans ce cas, c'est aux dirigeants du SPD de jouer le jeu en montrant clairement aux Allemands qu'ils n'approuvent

pas l'idée des Eurobonds que préconise le président français François Hollande et qu'ils ne sont pas d'accord avec lui sur ce point, même s'ils le soutiennent pour le reste de son programme de croissance en tant que sociaux-démocrates. Si cette prudence fait défaut, ses alliés perdront inévitablement les élections face à la chancelière car la campagne d'Angela Merkel sera très stratégique et axée sur la crise européenne. Elle insistera sur la dangerosité des Eurobonds pour l'économie allemande qui sera son argument de campagne puisque avec cette idée dangereuse des Eurobonds, la chancelière allemande démontrera point par point que l'Allemagne deviendra une caisse pour les pays du Sud de l'Europe où il faut aller puiser pour combler leurs déficits. Sur ce point, il n`y aura aucun tabou pour la chancelière et elle ne fera pas cadeau à son adversaire du SPD. Elle va se montrer plus protectrice de l'économie allemande et soucieuse aux yeux de ses concitoyens, donc du contribuable allemand face aux enjeux européens.

Angela Merkel est appréciée par les Allemands dans sa politique de discipline budgétaire et ils sont hostiles aux Eurobonds. La chancelière est une femme politique dont j'admire aussi la logique. Quand elle défend une ligne, elle reste inflexible et va jusqu'au bout de sa logique malgré les pressions. Elle ne se laisse pas impressionner. Intraitable et inflexible, elle n'a pas raté l'occasion le 23 mai dernier au sommet informel de Bruxelles d'affirmer que l'émission des Eurobonds sera un aboutissement pour l'Allemagne, ce que Hollande, lui, voit comme un commencement pour la France, sous-entendu bien sûr, qu'avant la mise en place des Eurobonds, il faudrait au préalable des garanties de contrôle et de discipline budgétaire pour changer les habitudes et éviter que l'Allemagne ne paye indéfiniment pour les autres pays

hostiles au plan de rigueur et de réformes qui s'imposent à eux.
Si Hollande souhaite (ce qui est d'ailleurs une évidence pour lui) que le candidat du SPD soit le prochain chancelier, il serait préférable qu'il change de tactique politique et ménage la chancelière, car en se montrant intransigeant et voulant à tout prix traduire dans les faits ses promesses de campagne, en imposant un bras de fer avec celle-ci, selon moi non seulement Angela Mekel ne cèdera pas aux pressions, mais encore François Hollande se mettra à dos les électeurs allemands hostiles à l'idée des Eurobonds et du coup, fera courir le risque d'une défaite cuisante à ses alliés aux élections législatives. S'il se base sur la débâcle du candidat de la CDU Norbert Röttgen, qui a eu lieu le 13 mai 2012 en Allemagne pour le poste de Ministre-Président dans la Rhénanie du Nord-Westphalie, pour croire qu'Angela Merkel est affaiblie, c'est une erreur de jugement de sa part. À mon avis, Angela Merkel n'est pas affaiblie. Certes, cette défaite dans la région est dure pour la CDU, mais cela n'affectera pas la popularité de la chancelière en Allemagne pour sa politique européenne.
La personnalité d'Angela Merkel n'est pas atteinte et elle jouit d'une popularité intacte en matière de politique européenne. Et c'est justement sur cette politique européenne que tout sera joué. C'est pourquoi après la défaite de Norbert Röttgen dans ce Land, elle l'a même tactiquement remplacé par Peter Altmaier qui est aussi de la CDU. L'élection régionale de la Rhénanie du Nord-Wesphalie n'aura aucun impact sur les élections législatives au Bundestag d'où sera issu le nouveau chancelier ou la réélection d'Angela Merkel. Ce qui me paraît probable, c'est que si d'ici là les relations entre la France et l'Allemagne ne sont pas améliorées, cette tension provoquera inévitablement l'échec du SPD aux

prochaines élections. Donc, Hollande a intérêt à soigner son image dans ce sens pour rendre l'atmosphère plus diplomatique et conciliante afin de déminer le terrain à ses alliés avant les élections en Allemagne. Merkel et Hollande auront du mal aussi à se montrer côte à côte lors des sommets de Bruxelles, comme cela se voyait au temps de Nicolas Sarkozy avec les accolades de ce dernier à son homologue allemande. Il est évident que lors des rencontres internationales ou européennes, l'attention des Européens, en particulier des Français, sera davantage focalisée sur les deux dirigeants pour voir s'ils s'évitent, comme cela était le cas au sommet informel du 23 mai dernier à Bruxelles qui a suscité plusieurs commentaires en France. À cause de la tension qui existe entre eux, chaque geste ou mouvement de leur part dans les sommets sera scruté à la loupe. La chancelière allemande cherchera sans doute à instaurer une atmosphère d'entente avec son nouvel homologue français mais si elle constate que ce dernier continue à l'éviter et tente de l'isoler dans les sommets ou multiplie les mots qui fâchent, elle fera aussi marche arrière pour montrer ouvertement sa fermeté et sa ligne dure, quitte à créer une crise supplémentaire.
Par exemple : Hollande est très bien accueilli lors de son premier voyage à Berlin avec honneur militaire. C'est un signe de bienveillance de la part d'Angela Merkel pour lui montrer qu'elle est prête à travailler avec lui. C'est pour créer l'atmosphère favorable à leur amitié. Mais pourquoi ce coup de froid entre les deux dirigeants qui a l'air de s'installer durablement ? Est-ce à dire que c'est parce que Hollande et Merkel ne sont pas de même bord politique que le courant ne passe pas ou ne passera pas entre eux ? Je ne crois pas que cela en soit la raison car le couple Mitterrand-Kohl a apparemment bien fonctionné (malgré un peu de méfiance de la part de François Mitterrand au moment de la réunification des deux Allemagnes qui a

suivi la chute du mur de Berlin en 1989) grâce à leur volonté commune de travailler ensemble pour faire avancer l'Europe et poursuivre les bonnes relations que le général de Gaulle et Konrad Adenauer leur ont laissées. On a vu également l'harmonieux couple franco-allemand sous Schröder et Chirac. Pourtant Chirac est de droite et Schröder est social-démocrate, donc de bord politique différent. Ce couple a pourtant très bien fonctionné et Schröder n'a même pas manqué de plaisanter en France lors de sa dernière rencontre officielle à la commémoration de l'anniversaire du débarquement des Alliés en Normandie, disant qu'ils risqueraient de sortir le mouchoir pour nettoyer leurs larmes, car l'amitié qui les liait était forte et le départ s'annonçait difficile pour eux. L'entente était cordiale entre les deux anciens dirigeants. Alors, pourquoi un tel scénario et un début si difficile entre Merkel et Hollande, alors que ce dernier est généralement apprécié dans les contacts de par son caractère simple, plein d'humour et d'humanisme ?

Certes, au début du quinquennat de Nicolas Sarkozy, la presse allemande et même française a vu aussi en lui un chef qui aime tirer la couverture vers lui et décider seul de tout ou bien aime prendre « la part du lion » dans les négociations. Mais au fil du temps, Angela Merkel s'est habituée à lui et Nicolas Sarkozy aussi a vite compris qu'il fallait adapter sa méthode et son style de personnage énergique au tempérament de la chancelière. Sarkozy, plein d'énergie, juriste et avocat de formation, tandis que la chancelière, calme dans sa méthode de travail avec une démarche prudente de scientifique qu'elle est, il est bien normal que les deux n'aient pas le même caractère. Mais, malgré cette différence de caractère, le couple franco-allemand a bien fonctionné sous Sarkozy et Merkel. Cette dernière a même regretté la défaite de son homologue français.

Cela montre qu'en matière de politique, le compromis est important si cela s'impose. Parfois, entre les promesses de campagne et la réalité, le fossé est grand et il faut réadapter les choses. François Hollande pourrait prendre comme exemple le cas de Barack Obama, qui avait promis la fermeture du camp de Guantanamo à Cuba ou le retrait des troupes américaines en Irak s'il était élu. Mais, face à la réalité politique du terrain, Obama a été obligé de réajuster son programme. C'est cette réalité politique que François Hollande devrait prendre comme exemple pour le faire sien. Et personne ne lui en voudra s'il ne tient pas ses promesses. Certes, Hollande est un homme sincère, honnête qui veut, coûte que coûte, tenir ses promesses de campagne aux yeux des Français puisqu'il est élu sur son programme. Mais il ne doit pas oublier non plus qu'Angela Merkel est aussi élue par les Allemands et sera jugée par ses électeurs à la fin de son mandat sur sa politique par rapport à la crise. Les systèmes politiques des deux pays ne sont pas les mêmes. Hollande a plus de manœuvre et de pouvoir qu'Angela Merkel. Le régime politique allemand est un régime parlementaire où la chancelière doit d'abord demander l'aval du Bundestag quand elle veut engager l'Allemagne en matière de politique européenne, et ses décisions sont contrôlées par la Cour constitutionnelle basée à Karlsruhe. L'Allemagne elle-même est un État fédéral qui signifie « *partage* » de pouvoir entre Berlin et les Länder. Ces derniers et les députés fédéraux, représentants du peuple au Bundestag ne lui feront pas de cadeau si elle engage l'économie allemande dans ces Eurobonds. De plus, la Cour constitutionnelle allemande contrôle la conformité des décisions européennes que prend la chancelière, dans le cas où cette dernière passerait au-dessus du Bundestag, sans l'avis ou autorisation préalable des députés. Elle a les intérêts de son pays à défendre et elle doit le faire. C'est ce que François Hollande devrait aussi comprendre à chaque fois qu'il se trouve confronté à la réalité économique, comme par exemple dans le cas des Eurobonds qu'Angela Merkel n'acceptera jamais, même au risque de détériorer leurs relations. Angela Merkel subit deux pressions de nature différente : d'une part, celle de ses concitoyens qui ne veulent plus être que le coffre-fort des pays laxistes de l'Europe du Sud, et d'autre part, celle de ses homologues européens qui veulent seulement qu'Angela Merkel mette la main à la caisse sans chercher à se demander ce que pourrait ressentir le contribuable allemand face à cette crise douloureuse qui fait mal au porte-monnaie.

Entre la pression de ses concitoyens et celle de ses homologues européens, la logique veut qu'elle écoute plutôt ses concitoyens, parce que non seulement ce sont des contribuables mais aussi et surtout parce que ce sont eux qui voteront en Allemagne et non pas les Européens. La chancelière aura donc des comptes à leur rendre. Si elle ne les écoute pas, elle perdra les élections. C'est une équation très simple. Celui qui comprend cela, comprendra aussi la fermeté d'Angela Merkel face à l'insistance de François Hollande sur les Eurobonds.

Chapitre 3

L'erreur politique à ne pas commettre par le SPD

Les dirigeants du SPD sont en train de commettre en ce moment une erreur politique et font courir un risque de débâcle à leur parti aux élections législatives de 2013, s'ils pensent qu'en soutenant François Hollande, ou en se rapprochant du socialisme français, ils vont affaiblir Angela Merkel en Allemagne et gagner les élections. Les Allemands ne s'intéressent pas au programme économique de François Hollande pour l'Allemagne. Au contraire, ils rejettent ce programme et rejettent les Eurobonds, car ces Eurobonds seront nuisibles à moyen ou à long terme pour l'économie allemande et Angela Merkel elle-même n'a pas manqué de le souligner à maintes reprises.

L'ex-chancelier Gerhard Schröder, dans l'entretien avec la correspondante de l'hebdomadaire *le Point,* Pascale Hugues, à Berlin et sur lequel nous reviendrons longuement plus loin, a même dit clairement que *« le SPD peut gagner en 2013 s'ils ne commettent pas l'erreur de copier le programme de François Hollande* ». C'est pour rappeler implicitement que le programme de Hollande n'est pas transposable à la société allemande et ne sera pas accepté en l'état par les Allemands, tous bords politiques confondus. C'est une grosse erreur de stratégie à ne pas commettre par le SPD avant les élections. Les Allemands n'approuveront pas cette stratégie car ils sont méfiants vis-à-vis de cette crise du déficit en chaîne qui aura des répercussions sur l'économie allemande, et n'accepteront pas non plus que Hollande passe par ses alliés du SPD pour arriver à ses fins au détriment de l'économie allemande. Nous sommes à un moment crucial de la crise pour l'Europe. Si l'économie allemande tombe en panne ou est affaiblie par la crise de l'euro à force de renflouer la caisse de ses voisins, c'est l'économie de l'Europe toute entière qui sera gravement touchée. Qu'on sache que l'économie allemande est un rempart pour l'Europe contre la géante Chine et la puissante Amérique. Si ce rempart tombe, ce sera fini pour la zone euro. Les Allemands doivent rester derrière Angela Merkel et soutenir sa politique.

Le SPD doit éviter le piège tendu par ce rapprochement.

Hollande, à mon avis, cherche à se rapprocher du SPD pour contrecarrer Angela Merkel et l'affaiblir à l'intérieur même de l'Allemagne. C'est la stratégie pour laquelle il a opté. Mais le SPD doit savoir que cette stratégie du rapprochement ne va pas dans l'intérêt économique de l'Allemagne. Ils doivent laisser de côté l'intérêt du parti et ne doivent pas se laisser utiliser, car cela ne leur servira absolument pas aux élections de 2013. Ce rapprochement Hollande-SPD réduira considérablement leur chance de gagner les élections puisque les électeurs vont préférer Angela Merkel qui se montre plus soucieuse de l'économie allemande à leurs yeux. Certes, les partis politiques de même bord en Europe tentent souvent leur rapprochement et on ne peut pas reprocher aux dirigeants du SPD de se rapprocher du président socialiste français. Mais dans ce contexte précis de crise de l'euro et compte tenu de la tension actuelle entre Hollande et Merkel, les dirigeants de ce parti doivent se demander, au vu de l'opinion publique allemande, si ce rapprochement va les servir ou au contraire risque de leur être préjudiciable. On voit clairement que leur objectif consiste à faire front contre Angela Merkel, plutôt que de l'aider à trouver une solution à cette crise dans laquelle l'Allemagne injecte beaucoup d'argent. Cette stratégie d'affaiblissement et d'isolement est contre-productive et se retournera contre eux. Si c'était pour trouver une solution objective et commune au problème de la crise actuelle, cela se comprendrait naturellement. Mais, malheureusement, ce ne fut pas le cas lorsqu'Angela Merkel a eu besoin des voix des députés du SPD pour obtenir la majorité requise au Bundestag en vue de la ratification du pacte budgétaire. La stratégie de rapprochement avec François Hollande avec, comme seul dessein, de contrer Angela Merkel sera politiquement mal vue par les Allemands. En tant qu'électeurs, ils vont sanctionner le SPD le moment venu, car ce rapprochement sera jugé contraire à leurs intérêts. En se rapprochant de François Hollande, le SPD ne fait que réduire sa propre chance de succès au sein de l'électorat allemand, car ses dirigeants mettront l'économie allemande dans une situation délicate à moyen ou à long terme s'ils sont aux commandes en 2013. Donc les dirigeants du SPD ne doivent pas se laisser piéger par François Hollande dans cette crise de l'euro alors que l'ex-chancelier Helmut Kohl, partisan de la paix et de l'Europe, était déjà tombé dans le piège de l'euro au temps de François Mitterrand et l´ancien Premier ministre Lionel Jospin qui, à l'époque de la création de cette monnaie unique, ont défendu l'extension de la zone euro aux pays à monnaie faible. Certes, en défendant cette cause, l'ancien Premier ministre Lionel Jospin ne devinait pas le danger que cela pouvait représenter pour la zone euro comme on le voit aujourd'hui, mais l'ex-chancelier allemand Helmut Kohl quant à lui, plus pragmatique et prudent, voyait déjà loin en ce temps-là et se montrait méfiant. Ce qu'il voulait donc éviter est arrivé. La conséquence en est qu'aujourd'hui, l'Allemagne a toujours raison en termes d'économie dans sa démarche plus prudente. Mais malheureusement, elle est toujours mal comprise et soupçonnée de volonté hégémonique en Europe. C'est cette même erreur qu'Angela Merkel voulait à tout prix éviter, malgré les tentations d'isolement de Paris. Cette dernière a plusieurs raisons d'être prudente et méfiante, car les défaillances du passé, lors de la création de l'euro, lui donnent une leçon dont elle veut tirer toutes les conséquences néfastes pour l'Allemagne et l'avenir de l'Europe. Elle a appris beaucoup et ne voudrait pas se laisser piéger elle aussi par les Eurobonds qui s'annoncent catastrophiques pour l'économie allemande à moyen ou à long terme.

L'ancien chancelier allemand Gerhard Schröder l'a bien perçu lui aussi, comme il l'explique lors de son entretien avec la correspondante de l'hebdomadaire *Le Point* Pascale Hugues à Berlin intitulée « Quand Schröder juge Hollande[3] ». L'ex-chancelier social-démocrate pense que la croissance n'est pas séparable des reformes structurelles. Les deux vont de pair. Il pense même que Hollande a tort de ramener l'âge de la retraite à 60 ans. Dans un langage plus diplomatique, il a toujours pris soin de ne pas donner l'impression d'un donneur de leçons ou de conseils. Il essayait seulement de rappeler ce que lui-même avait fait avec son équipe quand il était chancelier. C'est pourquoi il a toujours nuancé ses propos par le mot « mais » en essayant d'abord de mettre diplomatiquement en exergue la bonne initiative prise par Hollande pour la croissance, avant de donner son point de vue, toujours au regard de ce que lui-même avait engagé quand il était chancelier. C'est à Hollande de voir maintenant s'il va aussi adapter les propos de Gehrard Schröder pour

3. propos reccueillis par Pascale Hugues, correspondante de l'hebdomadaire le Point à Berlin le 31 mai 2012

relancer l'économie française ou plutôt choisir les solutions qu'Angela Merkel a qualifiées de « faciles et rapides » le 14 juin 2012 devant les députés de Bundestag, et encore martelé le 15 juin 2012 devant les chefs d'entreprises : « la médiocrité ne doit pas devenir l'étalon de la zone euro ». Ces propos ont été largement commentés dans la presse française. C'est dire que la chancelière n'a pas du tout apprécié la méthode de Hollande en recevant les dirigeants du SPD à Paris.

Par analyse, cela n'arrangerait pas le SPD s'ils continuaient leur soutien ou leur rapprochement avec Hollande. Ils seront critiqués par l'opinion publique allemande. Donc, pour espérer gagner les élections de 2013 face à Angela Merkel, les dirigeants du SPD doivent se montrer prudents avec les propositions de Hollande, afin de sauver l'économie allemande de ce joug européen parce que c'est l'argent du contribuable allemand qui est en jeu avec les Eurobonds. Or, actuellement, l'intransigeance de François Hollande ne va pas arranger la position du SPD en 2013. C'est une situation délicate que les dirigeants de ce parti doivent bien gérer jusqu'aux prochaines élections. Même si eux-mêmes ne devinent pas l'impact que la position de François Hollande pourrait avoir sur leur chance de gagner, il est bien réel et l'analyse politique peut le démontrer.

La culture économique en termes de discipline et de rigueur dans les deux pays n'est pas la même. Au vu de cette différence de mentalité et de culture, les dirigeants du SPD doivent garder leurs distances avec cette idée des Eurobonds que défendait François Hollande s'ils souhaitent gagner en 2013. Car en défendant à leur tour ces idées en Allemagne, leur adversaire Angela Merkel a toutes les chances de gagner, puisqu'elle est soutenue par une majorité des Allemands dans sa fermeté en matière de politique européenne. Croire qu'elle cédera sur le terrain des Eurobonds serait une erreur d'analyse et de jugement. La chancelière ne lâchera pas. Son soutien sur ce point vient de l'intérieur et elle est obligée d'écouter les Allemands et de prêter attention à l'opinion publique sur ce sujet.

Le nouveau président français est conscient que sa relation avec la chancelière allemande ne sera pas au beau fixe car il y a une profonde divergence entre eux pour résoudre les problèmes économiques dont souffre actuellement l'Europe. Angela Merkel ne va pas non plus céder tant que l'opinion publique allemande la soutient dans sa politique de discipline budgétaire. La position d'Angela Merkel ne va pas varier. Chercher à l'isoler sur la scène européenne et l'affaiblir en Allemagne en passant par le principal parti d'opposition SPD ne sera donc pas la meilleure solution et ne résoudra pas le problème. Cela aura au contraire un impact négatif sur la chance de gagner du candidat du SPD. Angela Merkel quant à elle, sait que les Allemands apprécient sa fermeté en matière de politique européenne. Sa stratégie serait donc de montrer à ses concitoyens pendant sa campagne qu'elle est la mieux placée pour défendre leurs intérêts et préserver l'économie allemande dans cette crise de l'euro. Et effectivement, elle mène une bonne politique aux yeux des Allemands, d'où sa cote de popularité en progression. Elle a d'abord rejeté l'idée des Eurobonds avancée par Nicolas Sarkozy et ce dernier a abandonné, se rendant bien compte des conséquences négatives de ces Eurobonds sur l'économie allemande mais aussi française. C'est pourquoi, naturellement, cette idée ne devrait pas être reprise par François Hollande, puisque la chancelière ne va pas changer de position face au nouveau président français.

Chapitre 4

Le sentiment des Allemands face à l'insistance de Hollande sur les Eurobonds

En réalité, l'Allemagne n'est pas contre l'idée des Eurobonds mais elle ne l'acceptera jamais à ce stade, où il n'y a actuellement aucun mécanisme de contrôle budgétaire à l'échelle de la zone euro. C'est l'aboutissement d'une Europe politique approfondie qui créera les Eurobonds, car il n'y a pas de confiance pour le moment. Les Allemands perçoivent cette idée comme une tentative des pays voisins de profiter de l'économie allemande, qui n'est que le fruit de leurs réformes structurelles réalisées avec tant d'efforts et de sacrifices, alors que les autres pays ne sont pas prêts à en faire autant, bien que cela semble nécessaire à leurs yeux. Voilà tout le problème. C'est comme demander à quelqu'un de laisser la fontaine ouverte pour que tout le monde puisse s'abreuver paisiblement en cas de besoin. Sinon, pourquoi refuser la discipline budgétaire et en même temps proposer avec exigence la mutualisation des dettes souveraines ?

Qui va payer ? C'est la question que se posent les Allemands.

C'est pourquoi le ministre allemand des Finances, Wolfgang Schäuble, a maintes fois préconisé, au début de la crise grecque, qu'avant que cette idée des Eurobonds ne voie le jour, il faudrait d'abord songer à mettre en place des règles de discipline budgétaire. La mise en place des Eurobonds sera un point d'aboutissement d'une politique européenne commune comme Angela Merkel l'a rappelé au sommet informel de Bruxelles en mai dernier, contrairement à François Hollande qui voudrait en faire un point de départ pour la France. Si ce pacte budgétaire est rejeté à ce stade comme l'a sans cesse martelé François Hollande, comment peut-on aboutir à une idée de règle d'or un jour dans la constitution française ? Les Allemands ne pourront faire un geste en ce sens que s'ils sont convaincus que leur économie ne sera pas prise dans l'engrenage des Eurobonds après leur acceptation de mettre en commun les dettes souveraines des États de la zone euro.

Ce pays a abandonné le Deutsche Mark par erreur et se trouve aujourd'hui avec grand regret devant les difficultés de la monnaie unique. Aucun chancelier allemand ne veut plus faire la même erreur. C'est pourquoi Angela Merkel se montre désormais méfiante et prudente, quitte même à déclencher une critique supplémentaire de la part de ses homologues européens. Demander aux Allemands d'aller plus loin dans leur engagement financier pour l'Europe leur paraît inconcevable. Comme l'a bien souligné le président de la Bundesbank, Jens Weidmann, dans une longue interview rapportée dans le quotidien *Le Monde* du vendredi 25 mai 2012 : *« peut-on remettre sa carte bancaire à quelqu'un si on n'est pas sûr de pouvoir contrôler les dépenses qu'il effectuera avec cette carte »* ? C'est toute l'idée du refus de l'Allemagne qui se résume dans cette phrase. On ne peut pas être plus clair que cela. Les Allemands justifient clairement leur refus des Eurobonds. Ils n'ont pas confiance en leurs voisins en matière de discipline budgétaire. C'est tout le problème et pour cette raison qu'ils ne cèderont pas aux pressions.

Mais François Hollande provoquera une nouvelle crise européenne en choisissant d'isoler Angela Merkel en pleine crise de l'euro. Le rejet des Eurobonds par Angela Merkel (à juste titre) va pousser sans doute le président

français à commettre des erreurs politiques : celles de tenter d'isoler la chancelière allemande en Europe et de l'affaiblir en Allemagne croyant qu'ainsi, elle finira par céder à ses revendications. En le faisant, il cherchera à montrer à l'opinion française et européenne qu'il a réussi là où Nicolas Sarkozy a échoué et qu'il a pu tenir tête à la chancelière, ce que son prédécesseur, lui, n'a pas pu faire, comme il l'a dit le jour de leur débat télévisé d'entre-deux tours en 2012.
Les gros perdants de ce bras de fer seront ses alliés du SPD, car l'électeur allemand tranchera et sanctionnera le moment venu. Cette tactique n'est ni constructive pour leurs relations ni souhaitable pour l'Europe. Au G8 qui s'est tenu à Camp David aux États-Unis en mai 2012, au lendemain de la passation de pouvoirs à l'Élysée, on a vu François Hollande multiplier les rendez-vous avec ses homologues étrangers pour les convaincre de l'idée de croissance, afin qu'ils fassent bloc contre Angela Merkel. On a vu comment Barack Obama et Hillary Clinton ont également soutenu Hollande dans ses idées. Les Américains avaient intérêt à le faire car ils voulaient ménager ou amadouer François Hollande dans sa décision de retirer les troupes françaises d'Afghanistan. Personne n'est dupe. Barack Obama aussi pense à sa propre réélection aux États-Unis en novembre prochain. En soutenant la croissance, le président américain ne le fait pas dans l'intérêt premier de la zone euro mais en pensant d'abord à sa propre victoire en novembre. Ce n'est pas Angela Merkel que chacun utilisera à des fins personnelles ou nationales. Ce n'est pas un soutien franc à la croissance que Barack Obama a adressé à François Hollande lors de ce sommet. Il le fait pour sa propre politique intérieure américaine. Tous sont complices du jeu et François Hollande lui-même l'a bien reconnu, ce qui est rapporté dans les sites Internet des quotidiens français comme *Le*

Figaro avant sa parution le lendemain dans l'hebdomadaire *Marianne* le samedi 7 juillet 2012. Ce qui me confirme d'avoir fait une bonne analyse politique de la situation. Chacun cherche à trouver son compte. En fait, chaque dirigeant vise l'intérêt de son pays sur le dos de l'économie allemande en faisant pression sur la chancelière Angela Merkel. On a vu aussi au sommet informel de Bruxelles comment le nouveau président français tentait de rallier à ses idées le président du conseil italien, Mario Monti, et le chef du gouvernement espagnol, Mariano Rajoy. Cette stratégie d'isolement ne sera pas payante pour le SPD mais au contraire lui coûtera cher aux élections. On a également vu, après son investiture, Hollande s'approcher de José Manuel Barroso, de Jean-Claude Juncker ainsi que de David Cameron, alors même que ce dernier est un eurosceptique qui fait d'abord passer les intérêts de la Grande-Bretagne avant les enjeux européens. David Cameron, sera même mal placé pour dire à Angela Merkel d'accepter les Eurobonds, ce que lui-même n'accepterait jamais pour la Grande- Bretagne. On voit comment celui-ci défend souvent bec et ongles les intérêts de la Grande-Bretagne dans les sommets européens et il a d'ailleurs refusé de signer le pacte budgétaire que presque tous les chefs d'État et de gouvernement ont signé à Bruxelles en 2011 en pleine crise grecque. Cette stratégie d'isolement que Hollande voulait adopter pour tenter de fragiliser Merkel et la contraindre à céder va se retourner contre ses alliés du SPD et pénaliser sans doute le candidat du SPD. Les Allemands percevront cela comme une politique qui va à l'encontre de leurs intérêts et ceux de l'économie allemande. Cela mettra ce parti dans une situation délicate. C'est pourquoi il est souhaitable que Hollande prône la stratégie de l'entente et du dialogue. Soit il revoit sa position et se montre conciliant et souple, et ce faisant, il mettra les Allemands en confiance et par ricochet mettra bien évidemment aussi le candidat du SPD en position de challenger face à Angela Merkel. Ou bien il refuse de céder, de peur que les ténors de l'UMP ne se moquent de lui et l'accusent d'avoir jeté l'éponge. Dans cette situation de bras de fer, ses amis du SPD seront obligés de se mettre en retrait de Hollande pour préserver la chance de leur propre candidat de gagner les élections face à Angela Merkel. Mais s'ils avancent aveuglément sans prudence en continuant de soutenir Hollande, ils vont tomber dans son piège et perdre ces élections, alors même que leur victoire est le souhait du président français, pour mieux rebondir en matière de politique européenne, ce à quoi il ne parvenait pas à faire avec Angela Merkel.

Ainsi, la chancelière Merkel, quant à elle, n'a rien à craindre des pressions venant de ses homologues européens et n'a rien à perdre non plus en restant ferme. C'est d'ailleurs la stratégie payante, si elle veut pousser Hollande et les dirigeants du SPD à commettre des erreurs politiques et à se mettre les électeurs allemands à dos. La majorité des Allemands soutiennent la chancelière et c'est l'essentiel. C'est la tactique de la fermeté qu'elle doit adopter. Elle doit se montrer intraitable sur ce point. Elle n'a rien à céder sur ce terrain, que ce soit sur le rôle de la BCE ou sur les Eurobonds. Elle doit marteler sans cesse que l'Allemagne ne pourra pas injecter continuellement son argent, qui est l'argent du contribuable, dans la crise européenne, alors que les pays responsables de cette crise comme la Grèce ne montrent pas eux-mêmes l'impression de fournir d'efforts pour sortir de la crise, à savoir accepter les réformes structurelles imposées et la diminution des salaires. C'est le prix à payer par eux-mêmes pour retrouver l'équilibre.

D'ailleurs, Madame Christine Lagarde, ancienne ministre française de l'Économie et actuelle présidente du FMI

(Fonds Monétaire International) fait de bonnes remarques en envoyant de temps en temps des reproches et messages de fermeté à la Grèce qui ne sont pas du tout une humiliation mais une parole de vérité. C'est un soutien implicite à l'Allemagne contre la position de Hollande. Une bonne analyse permettrait de savoir qu'elles ont pour but de désapprouver implicitement les positions intransigeantes de François Hollande qui s'avèrent périlleuses pour l'économie européenne.

Bizarrement, quand Madame Christine Lagarde était ministre de l'Économie, avant sa nomination à la tête du FMI, sa position vis-à-vis de l'Allemagne n'était pas la même. Elle se montrait très critique. Elle était d'ailleurs la première à taper dur sur l'Allemagne au début de la crise grecque quand Angela Merkel était réticente à injecter de l'argent dans cette crise. Elle prenait l'Allemagne pour la plus profiteuse de l'euro sur le dos de ses voisins et l'exhortait à stimuler la consommation dans son pays au lieu de mener seulement une politique d'exportation à outrance au détriment de ses voisins.

Arrivée à la tête du FMI, on voit que le ton a changé car elle n'est plus ministre française d'Économie face à l'Allemagne qu'elle considère concurrente de la France. Comme elle joue maintenant le même rôle que l'Allemagne à l'égard des pays en difficulté, à savoir renflouer les caisses de ces pays, comme cela a été le cas en Grèce, le ton a changé et devient plus ferme et sévère à l'égard de la Grèce. Elle prend soin de donner même des leçons aux Grecs alors que, auparavant, elle a préféré pointer l'Allemagne plutôt que de dire la vérité aux laxistes et chercher la cause réelle de cette crise imputable aux Grecs eux-mêmes. Quel jeu que la politique ! Elle change selon les intérêts et les circonstances.

Cela démontre clairement que dans toute situation politique ou financière, chaque dirigeant place toujours l'intérêt national devant et tout pays qui se trouverait à la place de l'Allemagne agirait exactement de la même manière que le fait actuellement la chancelière Angela Merkel. Les Allemands ont même trop fait. Les Français ne feraient pas autant pour aider leurs voisins s'ils étaient à la place des Allemands. C'est bien une évidence.

Les socialistes français n'ont qu'à arrêter de critiquer continuellement Angela Merkel. D'ailleurs François Hollande, qui exige actuellement la mise en place des Eurobonds et la solidarité pour la croissance, ne le ferait jamais si la France était la plus contributrice de l'Europe et avait une économie plus performante comme l'Allemagne aujourd'hui. Quand on est en position de faiblesse, on crie et réclame la solidarité, mais tout individu en position de force évite d'employer ce mot dans son langage, car il se verra perdant en se montrant trop solidaire avec les autres.

C'est une question de bon sens, et je rapporte ici un raisonnement objectif de Monsieur Bruno Deletré, directeur général du Crédit Foncier paru dans le journal *Le Figaro* du mercredi 27 juin 2012, dans lequel il a clairement posé le sujet en ces termes : « *Imaginons un instant que sous la pression, la zone euro soit coupée en deux : euro du Nord autour de l'Allemagne, euro du Sud autour de la France, dévalué pour restaurer la compétitivité de la zone Sud. La France serait la puissance économique dominante du Sud, donnant à la nouvelle zone une bonne part de sa crédibilité monétaire. Accepterions-nous de nous lancer dans pareille aventure sans fixer des règles de vie communes sur le plan budgétaire et financier avec nos nouveaux partenaires* » ?

Il a continué son raisonnement en disant que : « *Le contribuable français serait-il prêt à prendre le risque de payer pour les économies du Sud sans garantie quant à la politique budgétaire qui serait menée par ses partenaires ? La réponse est évidemment négative* ». Il va encore plus loin dans son raisonnement implacable en ajoutant que *« Ce scénario, ni souhaitable ni réaliste, nous permet de nous mettre "dans la peau" du pays de référence économique de la zone. Nous réalisons ainsi à quel point est centrale la question d'une discipline budgétaire et financière partagée, au sein d'institutions supranationales disposant d'une légitimité démocratique suffisante pour exercer une partie des attributs de la souveraineté actuelle des Etats membres*[4] *»*.

Ce Monsieur que je ne connais même pas, n'est pourtant pas un Allemand. C'est un Français, cadre de haut niveau du milieu financier. Mais il a mené un raisonnement intellectuellement fin et objectif, tout simplement parce qu'il est sincère et voit les choses d'une façon objective et non politique. Il est dommage que ceux qui critiquent sans cesse l'Allemagne aient une idée courte et ne comprennent pas cette logique.

4. Bruno Deletré, Directeur général du Crédit Foncier de la France : « Osons le fédéralisme pour sauver l'euro et notre économie », article paru dans le quotidien *Le Figaro* du 27 juin 2012.

Chapitre 5

La forte chance d'Angela Merkel aux élections législatives de 2013

La position de fermeté de la chancelière allemande est appréciée par ses concitoyens et sa cote de popularité en matière de politique européenne est intacte ici en Allemagne. Certes, sur le plan de la politique intérieure, la CDU perd du terrain, ce qui affaiblit Angela Merkel, surtout en Rhénanie du Nord-Westphalie mais la politique européenne la maintient debout et lui donne la chance de gagner en 2013. Elle peut tenir encore longtemps face aux pressions de ses homologues. Si elle abandonne sa fermeté, elle va perdre sa cote de popularité et les dirigeants du SPD vont taper fort sur elle avec le soutien de François Hollande. C'est pourquoi Angela Merkel a tout intérêt à rester ferme, peu importe ce que pensent la presse étrangère, car elle défend bien l'Allemagne et son économie. Elle a toutes les chances de gagner ces élections de 2013 mais à condition qu'elle reste ferme et tienne bon. C'est ma conviction personnelle. C'est une nécessité si elle veut gagner, et elle doit gagner, car les Allemands ont encore besoin d'elle pendant cette crise de l'euro. C'est là que François Hollande sera obligé d'accepter des compromis pour trouver des solutions dans le cas de sa réélection, puisque le président français mise actuellement sur la victoire de ses amis du SPD. S'ils perdaient, sa chance d'affaiblir Angela Merkel serait amoindrie. C'est pourquoi en termes de stratégie, François Hollande ferait mieux de rester neutre et de ne pas soutenir publiquement le SPD ou trop se rapprocher de ce parti avant le 22 septembre. Angela Merkel a commis cette même erreur en soutenant publiquement Nicolas Sarkozy. Les électeurs nationaux de chaque pays n'apprécient pas qu'un candidat reçoive le soutien d'un dirigeant étranger contre son adversaire. Les électeurs défient naturellement celui qui est soutenu de l'extérieur. Je pense qu'en termes de stratégie, Hollande doit rester neutre pour ne pas compromettre la chance de ses alliés. Si les dirigeants du SPD le suivent, ils vont perdre, car ce sont les électeurs allemands qui voteront en 2013 et non pas les Français. Quant à la personne même, François Hollande est humainement bon. J'aime son humanisme mais je trouve politiquement et diplomatiquement incorrect que les dirigeants du SPD soient invités à Paris avant même la chancelière allemande et cette démarche est nuisible aux relations franco-allemandes. C'est une démarche peu diplomatique. D'ailleurs, je ne pense pas qu'ils auront ma voix aux élections de 2013 car je mets l'intérêt de l'Allemagne en tant que pays au-dessus de l'intérêt du parti politique que j'aime pourtant bien. J'ai même voté pour le candidat du SPD, Frank-Walter Steinmeier en 2009 mais en 2013, il est probable que je vote pour Angela Merkel car en tant que chancelière, elle défend actuellement les intérêts du contribuable allemand et de l'économie allemande.

Il est donc indispensable pour François Hollande de revoir sa copie de politique européenne. Ce faisant, il serait un bon président dans l'histoire de la France et de l'Europe. Il est apprécié par les Allemands pour sa simplicité et son calme. Il lui faut seulement adapter son programme économique pour séduire l'Allemagne. Il aurait pu rapidement gagner la confiance d'Angela Merkel et des Allemands en général en raison de sa simplicité, s'il n'était pas resté intransigeant sur la question des Eurobonds.

Il a fait toute sa campagne sur ce thème croyant qu'il pourrait infléchir la position de la chancelière Angela Merkel sur ce point. Or celle-ci est une femme politique intraitable qui ne cède pas facilement sous la pression. Nicolas Sarkozy en sait quelque chose. Vouloir mettre cette idée d'Eurobonds à tout prix sur la table de négociation est contre-productif et ne favorisera pas l'entente. L'Allemagne n'acceptera jamais cette idée.

Étant donné l'impact que cela pourrait avoir sur l'économie allemande, Angela Merkel a même décidé de soutenir ouvertement Nicolas Sarkozy car elle devinait qu'elle ne pourrait pas s'entendre avec Hollande. Aujourd'hui le SPD est confronté à un dilemme : ses dirigeants vont-ils défendre le programme économique de François Hollande contre Angela Merkel ou bien vont-ils montrer à l'opinion allemande que, malgré leur convergence avec le nouveau président socialiste français, ils n'adhèrent pas à cette idée d'Eurobonds qui est dangereuse à moyen ou à long terme pour l'économie allemande ? Je pense que c'est ce qu'ils doivent faire s'ils espèrent gagner les élections de 2013. La politique européenne de François Hollande effraie les Allemands. Si une chose doit rester dans leur mémoire pendant ce quinquennat, ce sera le mot *Eurobonds*. C'est un mot déplaisant en Allemagne car économiquement nuisible pour le pays.

La personnalité de François Hollande et celle d'Angela Merkel seraient pourtant conciliables par leur tempérament. Tous deux sont calmes et de nature à faciliter le rapprochement et la compréhension pouvant redonner une dynamique à ce couple franco-allemand, à un moment où l'Europe en a besoin. Les deux dirigeants ne sont pas de nature furieuse. Angela Merkel ne décide pas à la précipitation. Elle prend tout son temps pour analyser et peser le pour et le contre de ce qu'elle veut faire, ce qui laisse penser qu'elle tergiverse. Elle n'aime pas prendre des décisions à la hâte dont les conséquences seront politiquement et économiquement néfastes. Elle ne change pas facilement d'avis quand elle prend une décision. Hollande, quant à lui, semble également avoir un tempérament calme, ce qui a pu laisser penser aux Français pendant la compagne présidentielle qu'il est mou et qu'il ne peut pas prendre des décisions graves. François Hollande n'est pas du tout ainsi. Son apparence est trompeuse. Il peut prendre les décisions graves qui s'imposent. Il est même dangereux que les gens pensent ainsi, car il va chercher à affirmer cette autorité en prenant des décisions qui s'avèrent même trop graves au moment où il ne fallait pas les prendre, dans le but de montrer et de tester son autorité. C'est le cas de l'intervention militaire en Syrie pour laquelle il est favorable, sans hésitation. Ses homologues étrangers en Allemagne et aux États-Unis, eux, perçoivent les conséquences néfastes d'une intervention militaire dans la région, bien qu'ils condamnent tous ensemble fermement et unanimement ce qui se passe en Syrie, et prônent d'abord la voie de la diplomatie, ce que tente de faire Kofi Annan, l'ancien secrétaire général de l'ONU, en tant que Médiateur du conflit syrien. Naturellement, François Hollande aime écouter les gens et prendre tout son temps pour décider. Il n'est pas impulsif en politique. Il prépare minutieusement ce qu'il veut faire et dire. Il est endurant. Il est humaniste. Son défaut serait peut-être la lenteur et la ponctualité. Or, la ponctualité c'est le point fort des Allemands, qui font tout pour être à l'heure. La ponctualité en Allemagne est le point de départ de la confiance et du sérieux. Les excuses ne sont pas toujours acceptées. François Hollande doit donc particulièrement y veiller s'il a rendez-vous en

Allemagne et vouloir gagner la confiance d'Angela Merkel dans les discussions. En fait, les deux dirigeants ne sont pas loin l'un de l'autre en termes du caractère. Mais ce qui empoisonne leur relation est la façon différente dont ils perçoivent les problèmes et la façon de les résoudre, car, sur ce point, les approches ne sont pas du tout les mêmes. Tous deux veulent atteindre un objectif mais les chemins à emprunter pour y arriver divergent. L'un veut traiter le problème de la crise en commençant par ses conséquences (Hollande), tandis que l'autre veut chercher d'abord les causes de cette crise pour les attaquer à la racine (Merkel). C'est le grand point de divergence qui les divise.

Le manque de volonté de Hollande d'engager les réformes en France instaurera davantage encore une relation difficile avec Angela Merkel. Or, la politique européenne ou internationale conditionne en partie le succès d'une politique nationale. Il doit ménager l'Allemagne et non pas seulement chercher à isoler la chancelière. On a l'impression que chaque président qui s'installe à l'Élysée cherche d'abord à affaiblir l'Allemagne, qu'ils considèrent souvent comme hégémonique en Europe. Pourtant, l'Allemagne est une alliée importante à privilégier. Au final, ils se rendent compte que l'Allemagne est une partenaire fidèle et reste incontournable dans la zone euro pour trois raisons :

- 1re raison : l'Allemagne, elle, est économiquement puissante et met son économie au développement du continent ; et l'Europe a besoin d'elle comme elle aussi a besoin de l'Europe. Cette volonté et cette capacité de l'Allemagne de se sacrifier à l'Europe n'existent pas chez les voisins avec qui la France tente souvent de se rallier pour isoler et affaiblir l'Allemagne, souvent considérée comme hégémonique.

- 2e raison : au début de son quinquennat en 2007, Nicolas Sarkozy aussi avait tenté d'orienter sa politique vers la Grande-Bretagne alors que ce pays est eurosceptique.
La Grande-Bretagne vers laquelle la France tente souvent de se tourner ne s'intéresse pas avec sincérité à l'Europe et à la politique de l'Europe, surtout si quelque chose va à l'encontre de son intérêt. L'ancien président français fut obligé de changer de tactique. La Grande-Bretagne n'aime pas faire des sacrifices pour l'Europe mais seulement en tirer des profits.
À titre d'exemple, on peut citer le cas du pacte budgétaire que David Cameron avait refusé de signer en pleine crise de l'euro alors qu'il y avait urgence à agir, tout simplement parce qu'il ne voulait pas lier son pays par cet accord. La Grande-Bretagne n'est pas une vraie partisane de l'Europe car elle aime, tout le monde le sait, se rapprocher plus des États-Unis que de l'Europe. Ce n'est un secret pour personne. C'était même plus flagrant au temps où Tony Blair était Premier ministre britannique, quand l'Union européenne s'est prononcée contre la guerre en Irak alors que Tony Blair a soutenu cette guerre aux côtés de George W. Bush, sous le prétexte que Saddam Hussein possédait des armes de destruction massive quand le vrai dessein inavoué de Bush était de renverser ce dernier et d'en finir avec lui.
- 3e et dernière raison : la France est obligée de revenir vers l'Allemagne, après la tentation de son isolement et de son affaiblissement par les présidents successifs, car les pays comme l'Italie, l'Espagne, Portugal, la Grèce ne sont pas économiquement puissants dans la zone euro par rapport à la France elle-même. Donc vouloir aller vers ces pays économiquement faibles au lieu de venir vers l'Allemagne est contre-productif pour la France. Ses présidents s'aperçoivent que c'est une erreur politique de leur part de vouloir de temps en temps s'éloigner de

l'Allemagne, leur partenaire. Ce qui confirme encore un principe selon lequel *« les États n'ont pas d'amis mais des intérêts »*. L'homme politique, dans sa nature, ne s'engage pas dans une action s'il n'y voit aucun intérêt pour lui-même ou pour son pays. Nicolas Sarkozy en son temps a même voulu renforcer les liens de la France avec ces pays appelés « le club méd. », mais cela n'a pas donné d'effets concrets et il a abandonné cette idée. La crise grecque montre que l'Allemagne est incontournable pour résoudre la crise de l'euro. Il est préférable que la France ne perde pas de temps à se tourner d'abord ailleurs avant de revenir vers l'Allemagne à chaque changement de présidence. Les deux sont condamnés à s'entendre dans l'intérêt de l'Europe. Elles constituent le moteur de l'Europe comme les deux ailes d'un avion. Quand l'une est en panne, elle peut entraîner une catastrophe.

François Hollande doit se montrer utile pour ce couple franco-allemand. Il doit se convaincre que ce couple est indispensable et reste incontournable pour l'Europe. S'il veut s'imposer en Europe avec dessein de convaincre ses homologues de la nécessité de la croissance, je pense que ce n'est pas l'isolement ou l'affaiblissement d'Angela Merkel qui sera la meilleure tactique pour lui. François Hollande a la capacité d'être un grand chef d'État. Il a les talents indéniables et il l'a prouvé tout le long de cette campagne, mais la grandeur de chaque chef d'État ne se résume pas seulement à sa politique nationale ou intérieure mais surtout à sa capacité de faire des compromis difficiles face aux enjeux politiques internationaux, afin d'apporter des solutions à des crises internationales importantes qui ont marqué son temps ou son époque. C'est face aux enjeux politiques internationaux qu'on reconnaît les grands chefs d'État. De ce fait, la réussite de son quinquennat sera déterminée par sa réussite en matière de politique européenne ou internationale, car celle-ci a des répercussions sur la politique nationale. C'est le défi de ce quinquennat. Certes, il a besoin du soutien de ses alliés du SPD s'il veut être écouté dans sa politique de redressement et de croissance qui lui a été chère politiquement. Mais il peut réussir aussi cette politique s'il choisit la voie du compromis avec la chancelière Angela Merkel plutôt que celle de l'affrontement. L'Europe est actuellement minée par la crise. Son élection a été saluée presque partout mais inquiète sa principale partenaire, l'Allemagne, à cause de ses promesses de campagne jugées inquiétantes pour l'économie qui consistent à faire payer les plus riches jusqu'à 75% de leurs revenus annuels au-delà d'un million d'euros. Grâce à son talent, il pourrait rassurer la chancelière allemande et s'abstenir de faire des déclarations fâcheuses devant la presse sur ses positions tranchées et son opposition au pacte budgétaire. Il est même souhaitable qu'il se garde de faire des déclarations improvisées à des questions inattendues à l'encontre de l'Allemagne, surtout pendant sa première année de mandat, car sans une relation basée sur la confiance et l'apaisement, Angela Merkel sera toujours sur ses gardes et restera prudente vis-à-vis de Hollande et cela risque de faire plonger davantage l'Europe dans cette crise. D'où le sort incertain qui sera celui de l'euro. Nous sommes à un moment difficile de la crise et l'Europe a besoin de l'entente entre la France et l'Allemagne et non de tensions. Ce quinquennat risque d'être un quinquennat de tensions politiques entre l'Allemagne et la France. Les deux dirigeants ne pourront pas travailler ensemble dans une telle atmosphère, car il n'y a plus de confiance entre les deux. Pendant la campagne, François Hollande pensait que s'il gagnait aux élections, Angela Merkel pourrait céder et lâcher du lest, mais la chancelière ne lâchera pas comme ça. Dans le quotidien allemand *Welt Kompakt* du vendredi 18 mai 2012, elle est même surnommée « Eiserne Lady »,

Dame de fer, lorsqu'elle a automatiquement remplacé Nobert Röttgen au gouvernement par Peter Altmaier la même semaine où Röttgen a perdu les élections au poste de ministre-président en Rhénanie Nord-Westphalie face à la candidate du SPD Madame Hannelore Kraft.

C'est une erreur de penser qu'Angela Merkel peut lâcher du lest. Hollande connaît très mal la détermination de la chancelière. Elle ne cèdera pas, quoi qu'il arrive, parce qu'elle voit le danger qui menace l'économie allemande si elle cédait aux pressions de ses homologues européens. Elle a le devoir impérieux de rejeter ces propositions qui pourraient faire plonger l'économie allemande. Cependant, elle peut faire des concessions si une atmosphère de confiance s'installe entre les deux dirigeants. En faisant des Eurobonds son bâton de pèlerin, François Hollande se donne l'objectif de remettre en cause ce que son prédécesseur Nicolas Sarkozy et son homologue Angela Merkel avaient fait pour résoudre la crise en cours. C'est un débat qui va empoisonner les relations franco-allemandes. La politique nationale et la politique européenne sont liées. La réussite de la politique nationale dépend en partie de la réussite de la politique européenne. Or, pour réussir cette politique européenne, une entente cordiale dans les relations franco-allemandes est nécessaire dans les décisions à prendre, en particulier dans la zone euro. Nicolas Sarkozy a bien su gérer cette entente et entretenir ce couple franco-allemand. Il était bon en matière de politique européenne contrairement à son successeur qui veut seulement affronter et défier la chancelière allemande, rendant ainsi leurs relations compliquées.

Chapitre 6

Le quinquennat de Nicolas Sarkozy en matière de politique européenne

Il faut dire franchement et objectivement que Nicolas Sarkozy a réussi sa politique européenne et a bien amorcé la lutte contre la crise de l'euro, même si cette crise est encore devant nous. Mais les Français n'ont sans doute pas apprécié sa méthode en matière de politique nationale (intérieure). C'est pourquoi il a perdu le 6 mai 2012 face à François Hollande – lui, est un homme neuf –, qui n'a pas encore de bilan à présenter. C'était sa chance à lui. En 2017, lui aussi sera jugé à travers son bilan et ses promesses de campagne. Disons ici avec objectivité que Nicolas Sarkozy est énergique et combatif, mais qu'il a commis des erreurs au tout début de son mandat. Les Français pensent qu'il a trop exposé sa vie privée, ce qu'ils n'ont pas apprécié. Il a compris ce mécontentement. Il s'est quand même ressaisi mais trop tard pour pouvoir rebondir. Voilà pourquoi il est battu. Il n'a pas su rattraper son retard sur Hollande malgré le rapprochement des derniers jours dans les sondages, avant le vote du second tour. J'admire son élan, son énergie et sa combativité.
Cependant, dans sa politique intérieure (ou nationale), il s'est trop rapproché des thèmes du Front national et sa politique a penché trop à droite, ce qui n'est pas du tout une bonne chose pour la France. De son passage au ministère de l'Intérieur jusqu'à l'Élysée, il semble avoir

été mal conseillé. Il a été induit en erreur à mon avis. Le problème est que, plus on s'aventure sur les terres du Front national pour piocher ses idées, plus on légitime les thèmes de ce parti et on se fait du mal à soi-même quand Marine Le Pen, elle, progresse au même moment dans l'opinion. C'est tout le problème.

En matière de politique intérieure, Nicolas Sarkozy a multiplié des lois plus dures envers l'immigration et les étrangers. Il n'a pas su rassembler les Français, or la France est un pays multiculturel. C'était même difficile pour un étranger « *normal* » de se retrouver, car on sentait la frustration, et les Français d'origine étrangère ont même semble-t-il perdu leur sentiment de fierté d'être Français, à cause de cette stigmatisation quotidienne qu'ils ont subie dans leur chair. Pour cette raison, pendant tout le temps que j'ai passé en France pour mes études de droit, il ne m'est jamais venu à l'idée de faire la demande de naturalisation pour devenir Français, avant même que je ne sois devenu Allemand en tant que Togolais d'origine, car je ne voudrais pas subir cette humiliation quotidienne dans ma chair. C'est mon orgueil personnel. J'ai donc choisi de devenir citoyen allemand. Je me sens plus fier avec mon statut de ressortissant européen en France que d'être Français d'origine africaine en France. En tant que juriste, je sais ce que je dis. C'est une petite parenthèse que j'ai juste ouverte ici pour faire une comparaison entre la politique européenne de Nicolas Sarkozy que j'ai beaucoup appréciée et sa politique intérieure ou nationale que j'ai détestée. D'où mon analyse objective et impartiale de son quinquennat. On doit louer la politique européenne de Sarkozy avec objectivité car il n'a pas échoué dans ce domaine. Il a été élu juste avant la crise bancaire et celle des emprunts immobiliers venue des États-Unis, appelée *subprimes*. Elle n'a pas tardé à frapper de plein fouet l'économie européenne et les banques. Cette crise

immobilière venue des États-Unis à peine terminée, la crise de l'euro en Grèce a suivi en 2010 ou 2011. Je pense que Nicolas Sarkozy s'est efforcé, avec Angela Merkel, de trouver une solution durable à cette crise grecque, d'où le pacte budgétaire. Nicolas Sarkozy mérite une appréciation objective en matière de politique européenne. Il était confronté à plusieurs crises européennes et mondiales et il a fait ce qu'il pouvait. Peut-être la crise grecque aurait pu être pire et embraser toute l'Europe si Nicolas Sarkozy n'avait pas su réagir rapidement, avec efficacité, de concert avec la chancelière allemande afin de contenir les effets de la crise. Son énergie et sa combativité ont été utiles de ce point de vue. Sous cet angle, il mérite réellement des appréciations positives. Il est bon dans sa politique européenne. De plus, il a pu maintenir le couple franco-allemand au beau fixe avant son départ de l'Élysée, sans tension avec la chancelière, contrairement à ce qu'on vit aujourd'hui sous le quinquennat de François Hollande.
Même si au tout début du mandat de Sarkozy en 2007, les relations étaient aussi un peu difficiles pour le couple franco-allemand, en raison du tempérament énergique de Nicolas Sarkozy qui veut agir partout, il est globalement bien apprécié en Allemagne. Je suis certain que s'il n'avait pas commis d'erreurs personnelles dans sa politique nationale, il aurait pu battre François Hollande et faire un deuxième mandat, car l'écart entre les deux candidats au second tour n'était pas si grand. Il en était lui-même conscient mais il était trop tard pour regagner la confiance des Français et rebondir, d'où sa défaite. C'est sa politique nationale ou intérieure jugée trop à droite qui l'a fait perdre face à Hollande.
Toutefois, si les élections présidentielles étaient à refaire aujourd'hui, j'ai la ferme conviction qu'il battrait François Hollande. Ce serait fantastique de le voir revenir en politique et, par la force des choses, d'être au second tour

de la présidentielle de 2017, face à son adversaire de 2012, François Hollande, à nouveau. On verrait si François Hollande pourrait encore dire : « Moi, Président de la République, je... »

C'est désormais le bilan de son quinquennat qui parlera en 2017 et non plus des promesses de *Moi, Président* ...

Mais François Hollande est humaniste, il faut aussi le dire. Tout le monde lui reconnaît cette qualité. Il a un tempérament calme et attire ainsi la sympathie. Je l'apprécie bien sur ce point. Il est simple. Il est sensible aux problèmes des Français. C'est ce qui va l'aider au cours de son mandat. Même s'il commet des fautes, il pourrait facilement être pardonné par ses concitoyens. Il ne sera pas sévèrement jugé par les Français comme ils l'ont fait à l'égard de Nicolas Sarkozy quand celui-ci était président.

La seule chose qui ne me plaît pas en Hollande est son programme économique avec les Eurobonds et sa volonté délibérée de remettre en cause les relations franco-allemandes que ses prédécesseurs ont construites avec précaution et beaucoup d'efforts. Contrairement à Nicolas Sarkozy, François Hollande, lui, peut cependant réussir sa politique nationale ou intérieure. Il va largement profiter des erreurs de son prédécesseur sur ce plan, car elles vont lui servir de leçons et il cherchera à les éviter. Mais il va échouer, selon moi, dans sa politique européenne. Ces relations seront tendues avec l'Allemagne durant tout son mandat. Il n'aura pas une relation de confiance avec Merkel. D'où le blocage entre les deux dirigeants qui risque de mettre en panne le moteur « du couple franco-allemand ». François Hollande est en quête de leadership dans la zone euro mais il ne pourra pas assumer ce rôle face à Angela Merkel. Son programme économique et l'économie française ne lui permettront pas de jouer ce rôle dans la zone euro. François Hollande ne pourra pas

faire les réformes structurelles qui s'imposent pour rendre la France compétitive.
Parmi les anciens membres du gouvernement Fillon sous la présidence de Nicolas Sarkozy, il faut aussi avouer que certains méritent des appréciations positives, et en premier lieu le chef du gouvernement lui-même. J'admire son calme. Il a été un bon Premier ministre et Nicolas Sarkozy ne s'est pas trompé en le choisissant. Il dit les choses telles qu'elles sont et je le trouve sincère, objectif et direct quand il parle. Il est humaniste et n'aime pas cacher la vérité aux Français. Il serait aussi un bon président de la République, selon moi. Il a toujours plaidé pour une politique de convergence vers le système allemand pour relancer l'économie en France. Il a les deux qualités essentielles qu'un président de la République devrait avoir pour être populaire, à savoir une vision claire pour l'économie et en même temps un humanisme. Une seule de ces deux qualités ne suffit pas pour être un bon président.
Idéalement, il faut un homme politique ni trop à droite, ni trop à gauche. Il faut les qualités d'un homme du centre.
Monsieur Fillon a bien fait de parler de la performance de l'Allemagne et souhaiter la convergence de la politique fiscale et budgétaire vers ce système. Quand il était à Matignon, il a bien décelé les maux dont souffrait l'économie française. Il n'a cessé de louer les efforts considérables que l'Allemagne a faits pour rendre son économie plus compétitive et il a toujours recommandé les mêmes réformes en France. J'apprécie beaucoup aussi l'ancien ministre de l'Économie François Baroin pour son aspect calme. Il a également bien travaillé avec son homologue allemand Wolfgang Schäuble, ministre des Finances.
La France peut retrouver le chemin de la compétitivité et c'est seulement la voie des réformes qui l'amènera à cette

fin. Ce n'est pas une fatalité. Mais il n'y a pas non plus de solution miracle ou facile. C'est une question de volonté et de courage politique, afin d'engager les réformes nécessaires.

L'Allemagne, elle, a toujours voulu que la France ait une économie forte pour peser ensemble en Europe face à la géante Chine et à la puissante Amérique, mais les réformes manquent cruellement à la France. La survie de l'euro est hypothétique dans la zone euro dans les années à venir, car le contribuable allemand est à bout de nerfs. L'Allemagne n'est pas responsable de la crise actuelle et ne doit pas être non plus le pays à porter la grande partie du fardeau de la dette. On ne sait plus qui pointer du doigt pour cette crise. Certains extrémistes des pays du Sud touchés par cette crise de l'euro s'en prennent aux étrangers et immigrés comme s'ils étaient la cause de cette crise. On voit ce qui se passe en Grèce où les étrangers sont la cible des extrémistes. Parallèlement, certains dirigeants au sein même de ces États voisins pointent eux aussi l'Allemagne du doigt comme si elle était responsable de la crise, tout simplement parce qu'elle dégage un meilleur excédent de ses exportations, aussi bien dans la zone euro qu'à l'extérieur. Quand la crise économique survient, il faut trouver un bouc émissaire : si ce n'est pas les étrangers qui sont les cibles des extrémistes, c'est l'Allemagne pour les États qui ne veulent pas se confronter à la réalité pour se réformer et trouver l'équilibre dont leur économie a besoin pour être saine et compétitive.

Cette monnaie unique vient de fêter ses dix ans. Aujourd'hui, elle est taxée de tous les maux par certains responsables politiques de la zone euro : cause de la hausse des prix, chômage, dégradation des pouvoirs d'achat, etc. Je pense qu'il faut voir aussi le bon côté de la monnaie unique. Depuis le 1er janvier 2002, date de sa mise en circulation, on peut passer les frontières sans penser au changement de monnaie puisque c'est la même qui circule. Économiquement et commercialement, cela facilite les transactions dans la zone euro et l'économie en profite largement. C'est évidemment la raison pour laquelle l'Allemagne en profite pour son économie, mais cela ne veut pas dire que ses voisins n'en profitent pas autant. Ils ont les mêmes droits conférés par l'UE. Pourquoi les mauvais élèves doivent en vouloir au bon élève ? Si cela ne marche pas chez eux, ils n'ont qu'à revoir leur méthode de travail, à savoir changer leur système économique. L'Allemagne n'y est pour rien et l'euro n'y est également pour rien. La cause du problème est le laxisme de certains États de la zone euro et le manque de volonté des autres pour réformer et assainir l'économie. Pour y parvenir, il faut changer les méthodes de politique budgétaire. La rigueur budgétaire doit être la première arme dans les comportements. Cela est difficile à faire, mais il faut du courage politique et fournir les efforts qui payeront à moyen terme.

Dans la situation actuelle des choses, les pays du Sud pensent que la mise en place des Eurobonds est la solution. Je ne le crois pas. Je suis dans la même ligne d'idée que la chancelière allemande, Angela Merkel car sa position est la meilleure solution pour arrêter cette hémorragie dans la zone euro. À court terme, on peut chercher une réponse rapide comme cela a été fait pour la Grèce, mais jusqu'où ? C'est pourquoi *les solutions faciles et rapides* ne tiendront pas longtemps. Il faut donc chercher des solutions courageuses et durables dans les réformes structurelles. On cherche à éteindre l'incendie mais les braises et les cendres chaudes sont encore là et peuvent encore provoquer une nouvelle incendie à tout moment, si les solutions appropriées et durables à long terme ne sont pas mises en place. Regardons en face le montant colossal déjà injecté dans la crise grecque. Il n'y a pourtant pas d'amélioration et il reste encore beaucoup à faire. Il est urgent et indispensable que les nouvelles règles de discipline budgétaire soient mises en place pour renforcer les sanctions en cas de déficits non contrôlés. Cela permettra de changer les mauvaises habitudes et c'est ce qu'il faudrait faire en amont. Ensuite, suivra la mise en place des Eurobonds que préconise le président Hollande pour venir en aide aux pays en difficulté à l'avenir. Mais dans l'immédiat, on a beau critiquer l'Allemagne, la chancelière ne pourra céder à aucune pression extérieure, même de la part du parti d'opposition SPD en Allemagne avec lequel Hollande tente de se rapprocher afin d'affaiblir Angela Merkel. Si la chancelière cède aux pressions de ses voisins, l'économie allemande en subira les conséquences. Angela Merkel n'a pas le droit de céder, encore moins de commettre des erreurs de pressions. Elle doit tenir bon, et l'histoire lui donnera raison pour avoir refusé les Eurobonds ; comme l'histoire a donné raison à Helmut Kohl d'avoir voulu restreindre la zone euro, avant de céder par compromis à la France, qui défendait alors un euro plus large. Aujourd'hui, les conséquences retombent sur les Allemands qui ne veulent plus payer pour les autres. Chaque fois, les pays voisins pointent la rigueur et la discipline allemande et les qualifient de mesures d'austérité sans prendre en compte la logique allemande. Ce qui arrive maintenant est dommage, et aurait pu être évité si on s'était pris avec rigueur et prévoyance.

Avant la monnaie unique, on a eu l'impression que tout allait bien et que l'Europe évoluait bon train. Dix ans après la mise en circulation de cette monnaie unique, voilà que des divergences profondes surgissent. Si cette monnaie unique n'existait pas, on ne s'en rendrait pas compte. Il y a encore un long chemin à faire pour l'Europe. Prenons par exemple la seule question des retraites qui divise les classes politiques, en particulier en France et en Allemagne. L'uniformisation des systèmes n'est pas pour demain.

Il y a trop de divergence entre le président socialiste François Hollande et l'Allemagne pour qu'il y ait un accord sur les mêmes en France et en Allemagne. Le gouvernement socialiste vient de maintenir l'âge de la retraite à 60 ans au moment où l'Allemagne l'envisage progressivement jusqu'à 67 ans. Ce sont deux visions diamétralement opposées de l'avenir et cela est dû à la différence de cultures dans les deux pays. Comment pourra-t-on mettre en commun les dettes souveraines des États (Eurobonds) dans ces conditions ?

Au moment où les Allemands vont travailler jusqu'à 67 ans, leurs voisins français prendront leur retraite à 60 ans et commenceront leur retraite paisiblement. Où est l'équité si on veut mettre en commun les dettes souveraines ? Celui qui travaille plus n'acceptera jamais de mettre en commun avec celui qui travaille moins. Rappelons ici que les réformes ont été dures en Allemagne. Prenons par exemple un des cas de réformes le plus marquant en Allemagne : la caisse d'assurance maladie. Chaque personne qui va en consultation chez son médecin doit payer 10€ à chaque trimestre et cette somme vaut pour tout ce trimestre. Au prochain trimestre, si la même personne se rend de nouveau chez son médecin généraliste pour une nouvelle consultation, elle doit encore débourser 10€. Le système a duré pendant des années et c'est à partir du 1er janvier 2013 qu'on ne versera plus les 10€ tous les trimestres, selon la décision de la chancelière. Cela a permis d'assainir les caisses d'assurance maladie. Personne ne se plaignait du système en Allemagne.

Avec ce système de 10€ pour chaque trimestre, les caisses d'assurance ne sont pas déficitaires, contrairement à la France. Dans tous les domaines, il y a eu des réformes en

Allemagne : l'âge de la retraite précédemment évoqué, la flexibilité du marché du travail, la diminution de la durée d'indemnisation en cas de chômage prolongé, etc. Autant de réformes qui ont été réalisées par le gouvernement Gerhard Schröder qui n'auraient pas pu aboutir en France ou ailleurs, en raison des grognes que les syndicats auraient pu faire entendre partout dans le pays, ou d'un mouvement de protestation de la population.

Chapitre 7

Les raisons de la profonde divergence entre Hollande et Merkel

En ce qui concerne la divergence entre Hollande et Merkel, il ne faut pas chercher midi à 14 heures. Ce sont surtout les thèmes de campagne de Hollande sur la renégociation du pacte budgétaire, les Eurobonds, la croissance à la keynésienne pour creuser encore le déficit, l'élargissement du rôle de la BCE (Banque Centrale Européenne), etc. Autant de sujets dont Angela Merkel ne veut pas entendre parler, et qui sont bien à l'origine de cette tension entre les deux dirigeants.

Est-il concevable que les Allemands qui ont fait tant de sacrifices au temps du chancelier Gerhard Schröder pour remettre l'économie allemande en marche, acceptent de mutualiser leurs dettes avec celles des pays du Sud plus déficitaires alors que ces derniers ne voulaient pas engager les réformes nécessaires pour remettre leur économie sur les rails ? Ce sont les méthodes qu'Angela Merkel qualifie de *« solutions faciles et rapides »*, et qu'elle ne pourra jamais accepter.

Pour Angela Merkel, il est inacceptable de revenir sur le pacte budgétaire que bon nombre de chefs d'Etat et de gouvernement ont déjà signé, parmi lesquels Nicolas Sarkozy, alors que François Hollande a brandi la menace tout le long de sa campagne de ne pas le ratifier tant qu'il n'y aurait pas rajout du projet pour la croissance. Cette idée de renégociation de traité est-elle faisable ou réalisable ? Que l'on soit politiquement du côté de l'un ou de l'autre, la réponse n'est pas la même. Mais partons avec objectivité sur le terrain du droit international public et résolvons ce problème sur le plan de la politique étrangère ou européenne : lorsqu'un prédécesseur prend une décision de politique étrangère au nom de la République, celle-ci s'impose à son successeur au nom du principe de la continuité de l'État. C'est le principe du droit international public qui régit les relations entre États. Certes, un nouveau président ou chef de gouvernement peut naturellement négocier les accords passés par son prédécesseur avec un pays étranger. Mais au niveau de la communauté européenne, certaines choses ne devraient pas se faire, car cela ne fait que compromettre la chance d'avancer. S'il faut toujours remettre en cause les grandes décisions à chaque arrivée d'un nouveau président, je ne vois pas comment on peut construire l'Europe et faire avancer les choses. Ainsi l'idée de vouloir renégocier ce pacte, c'est chercher à remettre en cause l'engagement pris par son prédécesseur Nicolas Sarkozy au nom de la République française. C'est donc vouloir indirectement défier ce dernier et son homologue allemande Angela Merkel, ce qui sera mal ressenti dans le camp de Nicolas Sarkozy ainsi qu'en Allemagne, puisqu'il s'agit d'un accord collectif des États de l'Union européenne.

Même l'Irlande qui a rejeté le traité de l'Europe dans le passé à deux reprises, en 2001 et 2008, vient de l'approuver par référendum à plus de 60%. Il serait préférable pour Hollande de se prendre autrement pour une bonne cause, ce que son prédécesseur Nicolas Sarkozy a commencé. Il pourrait proposer par exemple les moyens à mettre en œuvre pour favoriser la croissance sans pour autant chercher à remettre en cause ce qui permettra de contrôler la discipline budgétaire.

L'idée est que si la Grèce en est arrivée là, c'est qu'il y a bien des lacunes dans la gestion du budget de l'État. Quelles en sont les causes réelles ? Comment faire pour que cela ne se reproduise plus en termes de remède efficace quand on voit que l'Espagne et l'Italie vont aussi mal ? L'avenir de l'euro n'est-il pas menacé ? Comment assurer sa stabilité ? Voilà autant de questions qui ont amené les dirigeants à mettre sur pied en urgence ce pacte budgétaire avant Noël 2011. L'idée de renégocier le pacte serait dangereuse pour la zone euro et l'économie européenne à moyen terme puisqu'il n'y a pas, pour le moment, de contrôle budgétaire. Chacun fera dans son coin ce qu'il veut sans se soucier du déficit qu'il creuserait, en se disant que « *de toutes les façons, il y a mutualisation des dettes européennes et l'Allemagne paiera* ». Pour les Allemands, leur pays ne pourra pas porter éternellement le fardeau de toute l'Europe.

Et comme l'a dit la chancelière le 14 juin 2012 au Bundestag « *Les forces de l'Allemagne ne sont pas illimitées* ». C'est aussi ainsi que les parents disent souvent dans ma langue maternelle du Togo à leurs enfants qui se montrent intransigeants : « *celui qui aime manger des œufs ne sait pas que ça fait mal aux poules quand elles pondent* ». On comprend aisément la position des Allemands qui se sentent fatigués de renflouer la caisse de leurs voisins, ce que ces derniers eux-mêmes ne feraient pas s'ils étaient à la place des Allemands. Dans ces circonstances, la meilleure solution pour François Hollande au début de son quinquennat serait de revoir sa copie de campagne plutôt que de donner l'impression d'un affrontement ou le choix de l'intransigeance au tout début de son mandat. Sans la règle d'or et de contrôle budgétaire au préalable, je ne vois pas comment les Allemands pourraient accepter l'idée de ces Eurobonds qui consisteront à mettre en commun les dettes souveraines des États. C'est impensable. Sur ce point, Angela Merkel a pleinement raison. Aucun pays de l'Union ne l'accepterait, en commençant par la France elle-même si elle était à la place de l'Allemagne. On n'a pas besoin d'être Allemand pour donner raison à la chancelière, mais c'est une question de bon sens. Si Nicolas Sarkozy lui-même, bien qu'énergique et combatif, avait jeté l'éponge face à cette question pendant la crise, c'est parce qu'il voyait logiquement que l'idée des Eurobonds qu'il avait émise avant l'arrivée de François Hollande à l'Élysée n'était pas défendable et que l'Allemagne ne l'accepterait pas. Fillon aussi avait trouvé l'idée injuste.

Normalement, François Hollande aussi aurait dû abandonner cette idée, mais il veut montrer qu'il peut réussir là où son prédécesseur a échoué. Il ne suffit pas seulement à François Hollande de vouloir montrer qu'il peut réussir contrairement à Nicolas Sarkozy, mais de voir d'abord si ce qu'il voulait réussir à faire est possible ou non, c'est-à-dire si l'échec de son prédécesseur sur une question donnée est un échec subjectif ou objectif ? Et comme disent les juristes, s'il s'agit d'une *appréciation in concreto* ou *in abstracto* de la question ? L'échec est-il lié à l'incapacité propre de son prédécesseur en tant que président négociateur ou plutôt si c'est en raison de la complexité du sujet et ainsi que tout dirigeant qui se serait trouvé à la place de Nicolas Sarkozy face à Angela Merkel aurait jeté l'éponge ? Posons la question autrement et plus simplement puisque nous pouvons le faire : si François Hollande était à la place de la chancelière allemande et que la France était la première contributrice du budget européen, engagerait-il la France dans cette voie d'Eurobonds sans ne réclamer au préalable de ses voisins européens aucune mesure de précaution en terme de discipline budgétaire ? La réponse serait naturellement non. Est-ce que François Hollande en tant que président de la République française se met un seul instant à la place de son homologue allemande Angela Merkel pour se poser de telles questions ? Je ne pense pas du tout. S'il le faisait de temps en temps, il serait certainement moins intransigeant et ne continuerait pas à exiger sans aucun complexe, la mise en place des Eurobonds, tout en rejetant en même temps la règle d'or dans la constitution française. Ce qui est paradoxal chez Hollande, c'est sa volonté de mettre en commun les dettes souveraines des États, mais en même temps, il rejette toute idée d'une union politique plus poussée. Où est le bon sens ?

Je rends hommage ici aussi à François Fillon, l'ancien Premier ministre que j'apprécie beaucoup pour sa vision politique plus réaliste et qui a vite compris la question quand il était à Matignon. Pour lui, les Eurobonds feront payer plus cher à l'Allemagne, et même à la France, les déficits des autres pays plus laxistes, si on ne met pas préalablement en place une règle de discipline budgétaire. Sur ce point, je pense qu'on ne peut rien reprocher à la chancelière allemande d'être opposée aux Eurobonds car elle prévoit leurs conséquences futures sur l'économie allemande en tant que première contributrice au budget européen. Il ne faut pas aller loin pour comprendre cela. Prenons un autre exemple ayant la même logique d'intérêt national : la décision du retrait des troupes françaises en Afghanistan par François Hollande avant même le terme fixé par ses alliés de l'OTAN en 2014 et même par son prédécesseur Nicolas Sarkozy en 2013. C'est aussi une décision d'intérêt national qui prend le pas sur l'intérêt commun.

C'est ce qu'il fallait voir pour comprendre la position de la chancelière Angela Merkel au sujet des Eurobonds. Elle voit aussi ces conséquences sur l'économie allemande, car c'est l'Allemagne qui paiera le plus les dettes des autres pays de l'Union. En acceptant cela, elle engagerait le destin de son pays dans un avenir économique incertain. Or, son devoir en tant que chancelière est de défendre d'abord les intérêts de l'Allemagne. Elle a le destin de l'économie allemande en main et sera jugée par les générations futures à travers l'histoire. C'est une lourde responsabilité qu'elle porte en ce moment car les Eurobonds auront un impact pour longtemps. Un faux pas d'elle ou une erreur de décision aux sommets au sujet de cette crise de l'euro aura une lourde conséquence pour l'économie allemande à long terme. C'est pourquoi elle reste prudente et refuse de céder devant les pressions incalculables de ses voisins européens qui la traitent d'égoïste. Elle voit les conséquences dévastatrices des Eurobonds à long terme sur l'économie allemande.

Les Eurobonds sans discipline budgétaire au préalable, conduiront inévitablement à l'affaiblissement de l'économie allemande à long terme, puisque l'Allemagne va toujours puiser dans ses excédents pour renflouer le déficit de ses voisins en difficulté.

Il faut comprendre une autre chose : si l'Allemagne est affaiblie, c'est toute la zone euro qui sera atteinte face à la géante Chine et à la puissante Amérique. Les Européens ont donc intérêt à ce que l'Allemagne demeure économiquement puissante pour donner suffisamment de force à l'Europe, afin de contrebalancer les États-Unis et la géante Chine. Je vois qu'il y a aussi une part de jalousie dans tout cela mais la raison doit l'emporter sur la passion. L'hégémonie économique allemande est toujours mal vue par ses voisins en Europe. Seule sa caisse les intéresse. Pour ce faire, non seulement les dirigeants du SPD n'ont pas le droit de lâcher la chancelière à des fins électoralistes mais ils ont intérêt à la soutenir également face à cette crise de l'euro qui peut faire plonger l'économie allemande à force de puiser dans la caisse pour aider les pays en difficulté.

Les voisins européens doivent voir les choses avec objectivité et faire en sorte que toutes les dispositions soient prises pour éviter une crise plus grande. Si le SPD met la pression sur la chancelière en soutenant François Hollande, cette pression se retournera contre le parti lui-même aux élections législatives de 2013 et la chancelière Angela Merkel sortira gagnante pour un 3e mandat. Car les Allemands auront peur de la victoire du SPD, dont les dirigeants se montrent de plus en plus proches du président Hollande.

Chapitre 8

Le regret de l'abandon du Deutsche Mark en Allemagne

Ce qui se joue aujourd'hui est inséparable de la différence de culture et de mentalité au niveau de chaque pays de l'Union, en particulier entre l'Europe du Nord et l'Europe du Sud. Car de la différence de culture, naissent les habitudes et les comportements.

Dans l'Union européenne, les habitudes ne sont pas les mêmes. Les Allemands ont la culture de la rigueur et de la discipline et ils ne manquaient pas de les appliquer à leur économie et leur ancienne monnaie, le Deutsche Mark. Tandis qu'au Sud de l'Europe, c'est la souplesse et la flexibilité. Cette culture de discipline à l'allemande paraît aux yeux de leurs voisins habitués à la souplesse et au laisser-aller comme une rigidité. C'est pourquoi ils ont du mal à s'y conformer et les Allemands de leur côté ont aussi du mal à faire confiance à leurs voisins du Sud pour faire des choses en commun. Pourtant, les pays de l'Europe du Sud apprécient ce que cette discipline (ou rigueur si vous voulez) apporte comme résultats chez leurs voisins allemands. Ils vantent la performance de l'économie allemande. Mais ils ne veulent pas ou ne peuvent pas emprunter cette voie car elle est trop rigide à leurs yeux.

Après le 6 mai 2012, ce n'est pas seulement le destin d'un homme qui change mais aussi l'avenir de l'Europe, et celui du couple franco-allemand pourrait aussi changer. Et cela dépendra de la manière dont ce couple franco-allemand va fonctionner pendant le quinquennat de Hollande. Sans l'entente cordiale entre les chanceliers successifs, cette amitié franco-allemande ne serait pas ce qu'elle est aujourd'hui. C'est le fruit de l'histoire et du compromis. Si François Hollande veut aussi marquer l'histoire, il doit travailler dans un climat de confiance avec son homologue allemande Angela Merkel. L'avenir de l'Europe et celui de l'euro se joueront à travers cette entente face aux mois difficiles qui s'annoncent pour l'euro et les crises qui se multiplient. Quand il n'y a pas de confiance, aucun travail sérieux ne peut se faire à deux. Le nouveau président français a bien fait de se rendre en Allemagne dès le jour de son investiture. C'est une marque d'amitié. C'est un bon signe. Malgré le mauvais temps et son avion qui a été touché par la foudre, il a pu repartir à Berlin avec un autre avion. Tout cela donne un bon signe et une bonne volonté de travailler ensemble. Mais il doit aussi montrer cette volonté dans ses déclarations pour rassurer son homologue. C'est à Hollande de prouver aussi qu'ils pourront travailler ensemble malgré sa prise de position sur la relance de la croissance et leur divergence de vue, car il risque de se trouver encore face à la chancelière Merkel en 2013 si elle est réélue. Et elle a cette chance aujourd'hui, d'après les sondages qui se suivent en Allemagne sur sa popularité en matière de politique européenne.

Il faut chercher d'abord à se pencher sur la culture allemande. C'est un pays où la discipline et la rigueur sont essentielles et ancrées dans les esprits et habitudes, que ce soit au travail ou dans la vie quotidienne. C'est une règle de conduite quotidienne et non seulement économique ou politique. Prenons un exemple très simple et les Français qui vont souvent en Allemagne le savent : dans ce pays, quand le feu rouge s'allume, tous les piétons s'arrêtent,

peu importe si une voiture arrive ou pas. C'est la règle. De même, le chauffeur qui voit un piéton s'engager sur le passage réservé aux piétons doit automatiquement ralentir et laisser passer d'abord le piéton. Tout le monde respecte ce code de la route.
Or, dans certains pays de l'Europe, ce n'est pas le cas. En France même si le piéton est prioritaire, les chauffeurs accélèrent et veulent d'abord passer les premiers, ce qui oblige le piéton à céder sa priorité au risque de se faire écraser pour rien du tout. C'est un signe d'indiscipline généralisée qui se traduit aussi dans d'autres domaines.
Même les autorités chargées de faire respecter cette règle la transgressent : quand ils sont en voiture, ils ne respectent pas la priorité des piétons, et quand ils sont à pied, ils ne s'arrêtent pas non plus si le feu rouge est allumé, pourvu qu'une voiture n'arrive pas en face. Ce sont des règles élémentaires qui traduisent le comportement et la culture des individus dans un pays donné et cette discipline varie d'un pays à l'autre.
Charité bien ordonnée commence par soi-même.
L'histoire montre que les pays germaniques sont plus disciplinés et rigoureux, que ce soit culturellement, économiquement ou politiquement. C'est le cas de la Suisse, de l'Autriche et un peu aussi du Luxembourg, pourtant davantage francophone que germanique dans la culture linguistique. Je dirais même que cette marque de discipline vaut en général pour les pays du Nord de l'Europe. Il en va de même dans la gestion des affaires individuelles ou de celles de l'Etat. C'est une question de culture ou de comportement : soit on est rigoureux et discipliné envers soi-même et on applique les mêmes règles de discipline quand on est au poste de responsabilité ou bien on ne l'est pas envers soi-même et quand on est aux commandes on ne pourra pas non plus faire respecter les règles de discipline. Il n'y a pas d'ordre sans un

minimum d'autorité et de discipline. Ce qui se passe actuellement en Grèce est la somme de comportements quotidiens de la part des Grecs où la corruption générale a pris le pas sur la rigueur et l'intérêt de l'État.

Que ceux qui critiquent l'Allemagne fassent un effort d'impartialité à son égard et preuve de jugement objectif pour comprendre ce pays qui est tantôt considéré comme bon élève au sein de l'Union par ceux qui se montrent sincères et objectifs, tantôt pointé du doigt par ceux qui ne veulent pas faire de sacrifices et attendent qu'il mette la main à la caisse pour renflouer la leur. Chaque État supportera sa propre dette et ne la fera pas supporter aux autres, en particulier par l'Allemagne, à moins qu'il y ait au préalable des garde-fous contre le dépassement du déficit pour contenir les excès. D'où l'idée de la règle d'or souvent invoquée, mais rejetée en France par le président élu, François Hollande.

L'Allemagne s'en tient aux traités et le rôle assigné à la BCE. Le but assigné à la BCE n'est pas d'intervenir directement dans le déficit des États pour leur emprunter de l'argent mais de stabiliser la monnaie unique et de lutter contre l'inflation. La BCE ne va pas se substituer aux chefs d'État et de gouvernement pour faire le travail à leur place. C'est aux dirigeants de mener leur politique de rigueur budgétaire. L'Allemagne est un pays qui est culturellement attachée à une monnaie forte et stable. Il faut reconnaître aujourd'hui et dire avec franchise que les Allemands regrettent l'abandon du Deutsche Mark mais ne savent plus quoi faire. Ce sentiment de regret s'installe aujourd'hui chez bon nombre d'Allemands. Est-ce trop tard pour eux de revenir en arrière pour retrouver leur ancienne monnaie, le Deutsche Mark ? Ils sont pris au piège. Peuvent-ils retrouver leur Deutsche Mark ou seront-ils obligés de garder l'euro et à quel prix, quel sacrifice ? Aujourd'hui, beaucoup de questions peuvent se poser sans

tabou au sein du monde politique et économique allemand avant qu'il ne soit trop tard.
Vont-ils accepter chaque fois ce chantage venant des pays voisins en difficulté qui prédisent que leur sortie de l'euro sera catastrophique à l'économie allemande alors que les problèmes s'empirent chaque jour ? Selon moi, soit il existe une vraie volonté d'union politique accompagnée de réformes structurelles adéquates qui permettent à l'euro de fonctionner, ou bien il n'y en a pas, par la faute de ceux qui ne veulent pas abandonner une partie de leur souveraineté nationale au profit de Bruxelles. Dans ce cas, la monnaie unique finira par disparaître. Si cette hypothèse prévaut un jour, faute de bonne volonté en faveur d'une Europe forte, alors le plus tôt serait le mieux pour l'Allemagne qui abandonnera cette monnaie « à problèmes », afin de préserver les générations futures des conséquences d'un mauvais fonctionnement de la monnaie unique.
L'Allemagne ne doit ni avoir peur ni se soucier des chantages de ces pays du Sud qui ne veulent pas faire d'efforts pour réformer leur système économique mais profiter sans complexes des efforts accomplis par les Allemands, en brandissant sans cesse, dès qu'ils sont en difficulté, l'écroulement de la zone euro si l'Allemagne n'agit pas et ne fait rien pour eux. C'est purement du chantage.
L'Allemagne n'a pas à en tenir compte. Ils ont leur propre destin en main et les Allemands ont aussi le leur. L'Allemagne ne doit pas avoir peur de prendre des décisions courageuses pour son économie, peu importe ce que diront ses voisins, car ces derniers refusent d'emprunter le chemin de réformes pourtant nécessaires. Au début de la crise grecque, certains responsables politiques allemands soucieux de l'ampleur de la crise, allaient jusqu'à proposer l'abandon de l'euro par la Grèce

plutôt que de voir l'Allemagne continuer à injecter sans limite des milliards et des milliards d'euros dans un puits dont on ne voit jamais le fond.

Il me semble que si on avait suivi l'ancien Premier ministre socialiste grec George Papandreou dans sa proposition d'organiser le référendum en novembre 2011 sur le plan de rigueur, peut-être la sortie de l'euro de la Grèce, ou son maintien dans cette zone, ne serait plus aujourd'hui une question d'actualité. Même si le vote de la sortie de l'euro l'avait emporté en Grèce pendant ce référendum, le choc serait peut-être aujourd'hui moindre. Voilà qu'on a empêché ce Premier ministre grec d'organiser un référendum, de peur que le refus de l'euro par les Grecs ne l'emporte sur l'acceptation du plan de rigueur. Le problème demeure encore en Grèce et fait l'objet d'un traumatisme sur les marchés financiers.

En politique, le courage démocratique est important. Il ne faut pas avoir peur de ce que décidera le peuple car la politique est faite pour le peuple et il a son destin en main.

Ce même ancien Premier ministre grec a affirmé dans un entretien publié dans *Libération* du 15 juin 2012 *« qu'un référendum aurait offert aux Grecs le sentiment de choisir leur destin*[5] *»* et que selon lui, c'est Nicolas Sarkozy qui était à la base de ce refus du référendum, de peur que le plan de rigueur soit rejeté alors qu'Angela Merkel avait accepté la proposition de référendum.

Le problème que crée l'euro aujourd'hui, c'est le nombre étendu de ses pays membres. Ainsi, ce qui se passe aujourd'hui aurait dû ou aurait pu être évité si la France s'était alignée sur la position de l'Allemagne par la voix de son chancelier de l'époque Helmut Kohl, au moment où

---

5. George PAPANDRÉOU, ex-Premier ministre grec, « Un référendum aurait offert aux Grecs le sentiment de choisir leur destin », propos recueillis par Maria MALAGARDIS et publiés dans *Libération* du 15 juin 2012.

il était question de savoir s'il fallait créer une zone étroite ou large pour la monnaie unique.

L'ancien Premier ministre Lionel Jospin en sait quelque chose. Si le traité de Maastricht, en 1992, avait déjà instauré la décision de créer une monnaie unique, il n'avait malheureusement pas prévu à l'époque, quels seraient les États qui feraient partie de la zone euro. Au cours de la phase de négociation pour l'euro étroit ou large, Lionel Jospin était devenu Premier ministre de Jacques Chirac en 1997(période de la cohabitation). Quelques jours après son entrée en fonction en tant que chef du gouvernement, il s'est rendu à Maastricht pour débattre du champ de la zone euro, à savoir s'il fallait un euro restreint à un petit nombre d'États à monnaie forte, ou une zone euro élargie aux pays à monnaie faible, c'est-à-dire au «*Club méd.*[6]». C'est à ce stade que cette défaillance aurait dû être évitée. À ce stade, il y avait deux tendances. D'abord les tenants d'un euro étroit qui souhaitaient que seuls fassent partie de la zone euro les pays à monnaie forte dotés d'une économie stable. Parmi ceux-là se trouvait l'Allemagne, adepte de la stabilité et de la discipline monétaire, soutenue dans cette ligne de précaution et de prudence par les Pays-Bas et le Luxembourg. De l'autre côté, il y avait les défenseurs d'un euro large qui voulaient que la zone euro soit étendue aux pays à monnaie faible comme par exemple la Grèce, le Portugal, l'Espagne. La France en était le chef de file par la voix de son Premier ministre Lionel Jospin qui soutenait cette position à Maastricht, ce qui n'était pas du tout du goût de l'Allemagne. Fidèle à sa philosophie de discipline et de stabilité de la monnaie forte, à l'instar du Deutsche Mark, elle se montrait à l'époque prudente et prévoyait déjà le danger qu'un euro large étendu aux pays dits du « Club méd. » comme la Grèce, le Portugal, l'Espagne,

6. Professeur d'un jour: Lionel Jospin « Crise de l'euro ou de la gouvernance de la zone euro ?» publié aux Économiques, Lycée Turgot Paris, 28.06.2010.

l'Italie pourrait un jour engendrer. L'échec aujourd'hui est patent et comme on le dit en allemand : il est « *offenkundig* ».

Mais si on analyse politiquement, et non pas économiquement, la position de l'ancien Premier ministre Lionel Jospin, on peut quand même, logiquement, le comprendre, en lui donnant une part de raison en tant que socialiste. Car si on veut créer une Europe, on ne peut pas écarter de la zone euro en création certains pays pourtant membres de l'Union européenne. C'est la même famille et un membre de la famille ne peut pas être écarté parce qu'il est faible. C'est en cela que son article intitulé *« crise de l'euro ou de la gouvernance de la zone euro »* mentionné ci-dessus est appréciable. On ne peut donc pas pointer du doigt la monnaie elle-même mais plutôt la mauvaise gouvernance des décideurs politiques dans ces pays en difficulté. Il ne peut pas être su à l'avance que ces pays ne vont pas bien gérer la monnaie et vont créer des problèmes aux autres pays membres de la zone.

L'ex-chancelier Gerhard Schröder est même revenu implicitement sur la question qui lui a été posée lors de l'entretien avec la correspondante de l'hebdomadaire *Le Point* à Berlin précité plus haut et longuement cité dans cet ouvrage. Monsieur Schröder expliquait dans son analyse, selon ce qui est rapporté dans *Le Point*, que : « *Mitterrand et Kohl ont chacun commis une erreur quand ils ont créé l'euro. Mitterrand espérait, en éliminant le Deutsche Mark, canaliser l'économie allemande. Ou, pour dire les choses plus brutalement, il espérait l'affaiblir. Mais cela n'a pas fonctionné, car sans possibilité de dévaluation de la monnaie, c'est l'économie la plus forte qui l'emporte. Kohl, pour sa part, espérait que l'euro contraindrait les Européens à réaliser l'union politique. Mais les Britanniques n'en voulaient pas et l'entrée des pays de l'Est a changé la donne en 2004 ».* En termes clairs et directs : les deux dirigeants politiques voulaient créer la monnaie unique mais à des fins différentes. Dans le dessein de François Mitterrand, cela permettrait l'affaiblissement de l'économie allemande que sa monnaie forte et stable, le Deutsche Mark, lui donnait en la rendant hégémonique en Europe. C'est aussi la prudence de Mitterrand qui, d'ailleurs, n'a pas accueilli la chute du mur de Berlin favorablement, sauf qu'il ne pouvait rien contre l'événement. Helmut Kohl, lui, compte tenu du passé allemand, soutenait la création de cette monnaie unique pour renforcer l'Union en Europe. Ainsi, Kohl est épris de paix au regard du passé de son pays et Mitterrand, lui, s'inquiète de l'hégémonie allemande en Europe avec la réunification et sa monnaie forte, le Deutsche Mark.

Cela montre combien les Allemands fournissent beaucoup d'efforts et de sacrifices pour construire une Europe forte car ils se sentent toujours coupables de ce que l'Allemagne nazie a commis et les chanceliers allemands qui se sont succédés ont tout fait pour renforcer l'union en Europe. Ce sentiment de culpabilité que portent encore aujourd'hui ceux qui n'ont pas connu la guerre amène l'Allemagne à faire toujours plus qu'elle ne doit. Mais à mon avis, les enfants et les petits-enfants allemands qui n'ont pas connu cette guerre atroce et qui n'ont rien à voir avec elle ne peuvent pas et ne doivent pas eux aussi se sentir éternellement coupables de ce que l'Allemagne nazie a commis et qui ne reflète aucunement l'image de l'Allemagne d'aujourd'hui. L'Allemagne d'aujourd'hui est très différente de l'Allemagne nazie d'hier. Par exemple, en tant qu'Africain d'origine, je ne suis jamais contrôlé en Allemagne par la police allemande. Pourtant, la police qui me croise ne peut pas savoir que j'ai la nationalité allemande. C'est dire qu'aujourd'hui l'Allemagne est l'un des pays les plus accueillants dans l'Union européenne. Ceux qui préjugent l'Allemagne d'aujourd'hui à la lumière du passé n'ont jamais mis un pied en Allemagne et gardent l'image passée de ce pays en tête. La police allemande respecte les gens et ne contrôle pas sans raison, contrairement à ce qui se passe quotidiennement et abusivement en France puisque j'ai été moi-même contrôlé à quatre reprises à la gare de Strasbourg, à la descente du train venant d'Allemagne. Les policiers français attendaient ce train venant d'Allemagne, comme souvent pour contrôler quelques-uns des passagers. Selon le critère de choix qu'ils ont opéré, en particulier l'apparence ou la couleur de peau, ils m'ont contrôlé parmi ceux qui passaient et aussi quelques-uns qui ne me ressemblent pas forcément. Il en est aussi ainsi quand on attend assis sur les bancs, l'arrivée de notre train, que ce soit dans la salle d'attente ou sur les bancs devant le hall de la gare. Un jour, une policière française en contrôlant ceux qui étaient assis devant le hall de la gare de Strasbourg, est venue vers moi et m'a demandé ma carte. Ayant remis ma carte nationale d'identité allemande, elle a regardé la carte et mon visage. À son attitude, je pouvais lire sur son visage que moi, je ne pouvais pas être de nationalité allemande. Ce genre d'attitude ou de comportement anti-social est frustrant et révoltant. En Allemagne, les policiers respectent les gens qu'ils contrôlent et ne contrôlent pas sans raison. Cela me donne le sentiment d'être un Allemand à part entière. Je suis fier d'être citoyen allemand et on peut le sentir à travers ces lignes que j'écris. L'Allemagne d'aujourd'hui est une Allemagne exemplaire et ses enfants doivent être fiers de leur pays et non pas se sentir toujours coupables et porter sur eux le poids du passé.

Il faut insister ici que concernant l'euro, Helmut Kohl a été induit en erreur par ses homologues français socialistes de l'époque au pouvoir, bien que Kohl ait pris toutes les précautions nécessaires pour éviter que l'euro soit un euro

étroit. Toutefois, je dois souligner ici que j'ai beaucoup d'estime pour Lionel Jospin en tant qu'ancien Premier ministre et je trouve dommage qu'il n'a pas pu devenir président de la République en 2002, car j'apprécie son grand sens de moralité et d'honnêteté. Il aurait été un bon président de la République s´il avait gagné.
En 1995 alors que j'étais encore au Togo, j'ai suivi son débat avec son adversaire Jacques Chirac. J'ai trouvé ses idées géniales pour la France. Il est dommage qu'il ait été battu. La deuxième fois en 2002, j'étais déjà à Nantes, en France, et j'ai découvert que c'était un bon type. Il a une intégrité morale irréprochable. Il est hors norme sur ce plan en tant qu'homme politique de haut niveau.
C'est pourquoi, s'il a défendu la thèse d'un euro large, je pense qu'il l'a peut-être fait en tant que socialiste, pour une économie sociale, protectrice pour les pays économiquement faibles en minimisant le risque du danger que Helmut Kohl, lui, prévoyait déjà en tant que chancelier d'une Allemagne économiquement forte.
Néanmoins, vu la crise d'aujourd'hui, cela n'en demeure pas moins une erreur politique de sa part d'avoir défendu un euro large. C'est une leçon à tirer pour l'avenir de l'euro. Disons quand même que Lionel Jospin, lui, n'a pas forcément la même inquiétude que François Mitterrand vis-à-vis de l'Allemagne, car ce dernier, comme je l'ai souligné en haut, se montrait un peu méfiant, non seulement vis-à-vis de cette monnaie forte et stable qu'était le Deutsche Mark (source d'hégémonie de l'Allemagne) mais aussi à l'égard de la réunification de l'Allemagne de l'Est et de l'Ouest. On peut en déduire tout simplement qu'il avait peur de voir une nouvelle fois l'Allemagne devenir puissante en Europe. Si cela ne dépendait que de Mitterrand, peut-être la réunification n'aurait jamais vu le jour. Mais il n'a pas eu le choix et ce changement est venu brusquement du trio : Mikhail

Gorbatchev, George H. Bush, (père) et Helmut Kohl. Mais, peut-être a-t-il ses raisons d'avoir montré cette inquiétude au vu du passé.
C'est sur les pas de Mitterrand vis-à-vis de l'hégémonie allemande que François Hollande marche. Mais Hollande a tort d'avoir cette attitude vis-à-vis de son homologue allemande Angela Merkel, car on n'est plus dans les années 1980 à 1990 pour avoir peur que l'Allemagne redevienne plus forte en Europe.
Je pense que la France doit pouvoir oublier le passé pour favoriser l'hégémonie économique européenne dont l'Allemagne est la garante, car l'Europe en a besoin en temps de crise de l'euro. Tenter d'affaiblir l'Allemagne et de l'isoler à chaque changement de présidence française serait une erreur. On a vu, au temps de Nicolas Sarkozy, en 2007, au début de son quinquennat son penchant pour la Grande-Bretagne. On voit également aujourd'hui la stratégie de Hollande qui ne cesse de déclarer vouloir l'équilibre et le respect entre les deux pays en cherchant à se rapprocher davantage de l'Italie et de l'Espagne. Pourtant, le chef du gouvernement espagnol, Mariano Rajoy, est plus proche d'Angela Merkel, me semble-t-il, et évite avec un peu de stratégie son rapprochement avec François Hollande pour ne pas irriter la chancelière allemande.
Mais après ces tentatives d'isolement successives par les présidents français, ils se sont rendu compte, finalement, que la Grande-Bretagne est une eurosceptique et que rien ne marchera avec ce pays qui se montre plus proche des États-Unis que de l'Europe, les obligeant à revenir vers l'Allemagne, la plus disponible pour construire une Europe forte et intégrée. On a vu tout récemment en novembre 2011, quand David Cameron a refusé de signer le pacte budgétaire, l'ancien président français Nicolas

Sarkozy fut obligé de passer outre sa décision pour faire avancer les choses lors de la crise de l'euro.
Les socialistes reviennent au pouvoir avec la victoire de François Hollande à Élysée, (tant mieux) mais reviennent en pleine crise de l'euro, dix ans après sa mise en circulation le 1er janvier 2002. Au lieu de tirer les leçons du passé, Hollande et son Premier ministre Ayrault (qui connaît pourtant la culture allemande) poussent là encore la chancelière Angela Merkel à commettre une erreur en voulant imposer les Eurobonds. La chancelière avisée et prudente est toujours sur le qui-vive afin de ne pas se laisser prendre par les mêmes pièges du passé, au moment de l'adoption de l'euro. C'est pourquoi, énervée, elle est sortie de sa réserve les 14 et 15 juin 2012 en dénonçant les propositions de François Hollande, qu'elle qualifie de « solutions faciles et rapides » avec des conséquences médiocres pour l'Allemagne. Jean-Marc Ayrault a bien fait de calmer le jeu après s'être lui aussi emporté suite aux déclarations de la chancelière, qu'il a qualifiées de « formules simplistes ». Ces deux jours furent tendus entre Paris et Berlin. Je salue même la grande sagesse du Premier ministre pour avoir donné un entretien rassurant à l'hebdomadaire allemand *Die Zeit* du 21 juin 2012 pour reconnaître que sans une intégration politique forte, les Eurobonds ne pourront pas marcher. Si le président François Hollande avait abandonné cette idée d'Eurobonds et s'était seulement contenté de « croissance », ses relations avec la chancelière Angela Merkel auraient peut-être pris un bon départ. Il n'est jamais trop tard et c'est à lui de mettre la diplomatie en marche et de faire des déclarations courageuses afin d'apaiser ce climat de tension et redonner confiance au couple franco-allemand. Il n'a pas besoin de passer par Mario Monti en Italie pour s'entendre avec Merkel, comme par exemple lors d'un sommet ou deux qui ont déjà été convoqués en Italie.

Je pense qu'Angela Merkel a trouvé surprenant que les dirigeants socialistes allemands aient été invités à Matignon et à l'Élysée afin que les députés du SPD bloquent la ratification du pacte budgétaire si n'est pas rajoutée mention du pacte de croissance au traité comme le souhaite François Hollande. Les pressions de toutes parts sont énormes sur elle mais Angela Merkel tient bon et les Allemands la soutiennent dans sa grande majorité. Heureusement, le SPD (le parti social-démocrate) et les verts (die Grünen) ont pu trouver un terrain d'entente avec Angela Merkel et ce pacte budgétaire passera au vote au Bundestag vers la fin du mois de juin. Avec le nouveau gouvernement grec à l'issue du vote du 17 juin 2012, je pense que la Grèce doit pouvoir rassurer la zone euro en lui donnant l'impression qu'elle souhaite faire un effort pour sortir de la crise. Voyons tout ce qu'on injecte dans cette crise grecque. Et cela continue. Pourtant, il suffit seulement de comparer cette situation à une entreprise qu'on ne peut plus sauver pour décider que le plan de sauvetage n'est plus possible, et pour que la Grèce retrouve sa monnaie, le Drachme. On lui impose une discipline budgétaire et les Grecs qualifient cela d'austérité. Ils ne pourront pas sortir de cette crise et l'argent qu'on injecte ne sera jamais remboursé. Cette crise a déjà fait des victimes politiques : le chef du gouvernement espagnol José Luis Rodriguez Zapatéro a été désapprouvé par les électeurs espagnols, ainsi que Silvio Berlusconi en Italie qui n'a pas pu résister, ce qui a amené Mario Monti au pouvoir. Certes, on a bien fait de tenter de sauver la Grèce de cette crise. Mais à un moment donné de la crise, les dirigeants européens doivent pouvoir se poser la question de savoir si cela vaut encore la peine d'injecter continuellement de l'argent dans la crise grecque si l'effet escompté ne se produit pas ?

Ils doivent se rendre compte que le plan de sauvetage n'est plus possible, ce qui reviendra à préparer les esprits pour la sortie de la Grèce de la zone euro en douceur, sans causer trop de dégâts à l'économie des autres pays de la zone, qui est pour le moment saine, plutôt que d'injecter sans fin l'argent du contribuable.

Chapitre 9

L'UMP et le parti socialiste doivent apprendre à travailler ensemble

Tout le monde sait qu'en Allemagne les deux grands partis, le SPD et la CDU, peuvent se mettre d'accord pour travailler ensemble au gouvernement et au Bundestag. Soit ils le font pour avoir une majorité plus large, soit par nécessité lorsque la majorité requise n'est pas atteinte pour former le gouvernement à l'issue des élections. C'est le cas au début du premier mandat d'Angela Merkel en 2005 qui ne pouvait pas former son gouvernement avec un petit parti comme le FDP faute de majorité requise. La CDU était obligée de travailler avec le SPD quand Gerhard Schröder a perdu de justesse les élections à la fin de son second mandat après des réformes qui l'ont rendu impopulaire et qui produisent ses fruits aujourd'hui en Allemagne. C'était le temps où Frank-Walter Steinmeier, issu du SPD, était vice-chancelier d'Angela Merkel et en même temps ministre des Affaires étrangères. Tout marchait bien entre eux. Cela s'appelle la grande coalition en Allemagne. Rappelons toutefois que quand Gehrard Schröder était chancelier, son parti, le SPD, avait formé le gouvernement avec les Verts (die Grünen) et le chef de ce parti écologiste, Joschka Fischer, était aussi devenu automatiquement vice-chancelier et en même temps ministre des Affaires étrangères. Cela prouve que le SPD à cette époque avait fait un bon score et avait seulement besoin d'un petit parti pour former la coalition et non pas de la CDU. Actuellement, le gouvernement de coalition est formé par la CDU/CSU et le FDP (parti libéral allemand) qu'on appelle « die Freie Demokratische Partei », dont l'ancien chef est Guido Westerwelle, actuel ministre des Affaires étrangères. Le poste de chef de ce parti est revenu au jeune Philipp Rösler qui devient vice-chancelier d'Angela Merkel et en même temps ministre de l'Économie. Cela veut dire aussi qu'en 2009, la CDU, avec son alliée de la Bavière la CSU, avait fait un bon score et n'avait pas besoin du SPD pour former la grande coalition. Le score du petit parti libéral, le FDP, leur suffisait pour avoir la majorité requise pour gouverner. Mais pour les grandes décisions du pays ou le vote des lois importantes, un grand parti au pouvoir a toujours besoin d'un second grand parti d'opposition pour atteindre la majorité requise. C'est le cas du pacte budgétaire qui a été voté le 29 juin 2012, pour lequel la chancelière a eu besoin des députés du SPD au Bundestag pour le vote. Cette habitude de travailler ensemble, soit par nécessité, soit par le bon vouloir des deux grands partis dans l'intérêt du pays, permet de mettre au second rang l'esprit partisan et idéologique des partis.

En France, l'image radicale (droite-gauche) met les deux grands partis, l'UMP et le parti socialiste, dans l'impossibilité de regarder dans la même direction. À l'Assemblée nationale, c'est dans de rares cas que les députés d'un grand parti votent des lois émanant des députés de l'autre bord politique et vice-versa. D'ailleurs, je souligne ici que si la loi Taubira de 2001 sur la reconnaissance de l'esclavage comme crime contre l'humanité n'avait pas été réalisée au moment où la gauche était majoritaire à l'Assemblée nationale, cela n'aurait eu aucune chance d'être votée. Les deux grands partis français doivent apprendre à travailler ensemble dans des moments importants de l'histoire. Cela fait grandir le pays. Cette logique radicale (droite-gauche) est regrettable en France. Cela ne permettra pas de faire de grandes réformes. Or, il n'est pas toujours possible qu'un parti ait à lui seul la majorité absolue à l'Assemblée nationale comme c'est le cas actuellement pour le parti socialiste. La preuve en est que lors de l'entre-deux tours de la présidentielle, les deux candidats au second tour (Sarkozy et Hollande), qui draguaient les électeurs de Bayrou, écartaient en même temps l'hypothèse de le nommer Premier ministre s'il se ralliait à eux. Nicolas Sarkozy, lui, avait même dit que le chef du gouvernement est logiquement le chef de la majorité. Donc s'il est élu, le Premier ministre sera issu de l'UMP. De même, François Hollande a bien dit que s'il est élu le Premier ministre sera issu du parti socialiste. Dans ces conditions, il est impossible de pouvoir travailler ensemble dans l'intérêt du pays avec un petit parti qui a aidé un candidat à gagner les élections. Ce n'est pas le cas en Allemagne. Comme je l'ai expliqué en haut, si le grand parti fait coalition avec un petit parti, le chef de ce petit parti devient automatiquement vice-chancelier et se met toujours au côté du chancelier ou de la chancelière. C'est le cas du chef actuel du parti de FDP. Dans le système français, les réformes structurelles seront impossibles à réaliser. L'unité en politique est importante dans les moments difficiles d'un pays. La division entraîne inévitablement l'échec. Heureusement, François Hollande vient d'obtenir la majorité absolue à l'Assemblée nationale et cela lui permet normalement d'engager les réformes nécessaires afin de remettre la France sur le chemin de la compétitivité et de la croissance, sauf s'il opte pour *les solutions faciles et rapides* (termes de la chancelière allemande) comme c'est le cas du rajout de son pacte de croissance des 120 milliards d'euros venant de Bruxelles.

Avec la majorité partout, il est libre de tout obstacle politique pour pouvoir faire les réformes nécessaires qui s'imposent, s'il le veut bien. Cette fois-ci, le parti socialiste n'aura pas d'excuses s'il échoue pendant ce quinquennat. Il a tous les pouvoirs en mains pour les grandes réformes : le gouvernement, le sénat, l'Assemblée nationale et les présidents de régions sont majoritairement socialistes. Le président Hollande a tout pour réussir son mandat. Il a intérêt à le faire, comme l'ex-chancelier, le social-démocrate allemand Schröder, a pu le faire pour remettre l'économie allemande sur les rails. S'il ne le fait pas et attend l'argent de l'Europe pour la croissance en France, il y aura davantage de tension dans sa relation avec la chancelière allemande qui, elle, souhaite les réformes.

La fameuse idée qui consiste à dire ou à penser que « l'Allemagne paiera » est terminée. Dans les moments de crises économiques ou sociales, il est indispensable pour les acteurs politiques de mettre leurs forces en commun pour discuter à table afin de résoudre les problèmes de grande ampleur. C'est ce que d'ailleurs l'ex-chancelier Gerhard Schröder socialiste, souvent cité en exemple en France, avait fait en Allemagne. Lui-même avait dit lors d'un entretien avec la correspondante de l'hebdomadaire *Le Point* à Berlin le 31 mai 2012, Pascale Hugues, déjà précité. Son cas est souvent cité dans ce livre car c'est un exemple parfait qui mérite d'être mentionné, alors qu'il est lui-même social-démocrate. Au lieu de l'inviter pour s'inspirer de sa méthode adoptée il y a quelques années en Allemagne, François Hollande a préféré inviter les dirigeants actuels du SPD, parti d'opposition.

Cela veut tout simplement dire que ce ne sont pas les réformes qui l'intéressent mais qu'il cherche à affaiblir Angela Merkel avec dessein de rendre sa réélection en 2013 impossible. Mais c'est une stratégie risquée car la chancelière est populaire en Allemagne et a la chance de gagner les élections en septembre 2013.

C'est en cela que je loue aussi ici la vision politique de François Bayrou, car, non seulement il a toujours prôné les grandes réformes en France, mais c'est aussi un partisan de l'Europe et de l'économie forte. Je peux dire que, dans la classe politique française, à droite j'admire François Fillon et François Baroin, au centre j'apprécie François Bayrou, le président du MoDem, à gauche c'est-à-dire au parti socialiste, j'admire le courage et la combativité de Ségolène Royal. J'admire aussi François Hollande pour son humanisme mais je n'apprécie pas son programme économique et les 75% d'impôt imposés aux riches, même si je ne suis pas un riche. Ce programme n'est pas à la hauteur des réformes qui s'imposent. C'est mon point de différence avec lui.

J'apprécie plutôt la rigueur et la discipline allemande. Cela a fait ses preuves en Allemagne. C'est bien ancré dans les habitudes.

Je pense que Martine Aubry a aussi des qualités certaines et pourrait être présidente de la République, car elle a une personnalité forte et peut s'imposer. Elle a surtout joué un rôle important dans la cohésion du parti socialiste et elle y a mis de l'ordre. Cela a contribué à la victoire de François Hollande. Il est dommage qu'elle ne soit pas entrée au gouvernement.

Monsieur Lionel Jospin, lui, me paraît encore bien utile pour la France et surtout pour le parti socialiste. Il peut être un bon conseiller de l'ombre de François Hollande (pourquoi pas) en tant qu'ancien Premier ministre et deux fois candidats malheureux aux élections présidentielles. Il avait un bon bilan politique et économique quand il était à Matignon, à part son combat pour la création d'un euro large dont les conséquences sont aujourd'hui désastreuses

pour les pays du Nord vertueux en matière budgétaire et économique.
François Bayrou, lui, c'est quelqu'un qui a de bons projets politiques pour la France et pour l'Europe. Il est très dommage qu'il n'ait pas été soutenu pendant les législatives par le parti socialiste alors qu'il a été courtisé dans l'entre-deux-tours. Il a finalement donné sa voix à François Hollande. C'est quelqu'un de bien pour la France mais, visiblement, il n'aura pas l'occasion d'atteindre le plus haut sommet de l'État et comme il en est toujours en politique, ses amis, qui constatent qu'il n'aura pas cette occasion d'y parvenir, l'ont fui. Il a une bonne vision de la politique. J'ai trouvé bons ces projets politiques, car il a toujours mis l'accent sur la nécessité pour les forces de la nation de travailler ensemble dans l'intérêt de la France à l'instar de ce qui se fait en Allemagne. Malheureusement ce dernier a raté une grande occasion en 2007, qu'il n'aura peut-être plus dans sa carrière politique et ce sera très dommage, non seulement pour lui-même, mais aussi pour la France, car c'est un grand homme politique qui pourrait beaucoup faire pour la France s'il avait la chance d'être à la plus haute responsabilité de l'État. Inutile de rappeler ici comme tout le monde le sait qu'il a pu obtenir un score d'un peu plus de 18% au premier tour de la présidentielle de 2007.
La politique est un milieu d'intérêt personnel impitoyable. Tout le monde fait son petit calcul dans son coin et quand on voit que quelqu'un est mieux placé pour grimper, on le suit. Le jour où il n'a plus cette chance, il redevient seul. Tout le monde l'a abandonné avec ses idées et rares sont ses fidèles qui sont encore avec lui.
S'il avait accepté la main tendue de Madame Royal et l'avait soutenue au second tour de la présidentielle de 2007 en donnant la consigne de vote à ses électeurs, sans doute Madame Royal aurait pu être élue présidente de la

République. Elle serait entrée dans l'histoire de la France en tant que femme politique et François Bayrou serait évidemment devenu son Premier ministre pour la récompense du ralliement au second tour de la présidentielle. Même s'il n'aurait pas été président de la République, il aurait pu saisir cette chance pour devenir au moins Premier ministre. En voulant trop gagner, on perd tout et on ne gagne plus rien. Voilà qu'il a refusé cette chance et qu'il a tout perdu. Ses amis l'ont aussi fui parce qu'ils ont constaté qu'il n'a plus les mêmes chances en 2012 comme il en avait en 2007. Mais en politique, il ne faut pas enterrer les gens trop rapidement. Il pourra ressurgir encore en 2017. En 2012, il semble qu'il a reconnu son erreur de 2007, ce qui est déjà bon. C'est le *mea culpa.* Il a finalement décidé de voter personnellement pour Hollande sans toutefois donner la consigne de vote à ceux qui ont voté pour lui. Mais c'est déjà un bon geste.
Le parti socialiste aurait dû se montrer reconnaissant à son égard en lui laissant le champ libre pour qu'il puisse être réélu dans son fief en tant que député. Mais il est déplorable que le parti socialiste se soit montré aussi gourmand en présentant quelqu'un contre Bayrou. Ce dernier a été battu aux législatives le 17 juin 2012. Le parti socialiste a commis la même erreur à l'endroit de Jean-Luc Mélenchon. Leurs électeurs ont joué un rôle dans la victoire de François Hollande et il le sait. Mais ils n'ont rien reçu politiquement en retour. Le président élu, François Hollande, doit reconnaître que sans les électeurs de ces deux candidats, il aurait pu être battu par Nicolas Sarkozy, qui l'a talonné de près au second tour.
La reconnaissance est importante quand on est aidé, que ce soit dans la vie de tous les jours ou dans la carrière politique.

Même si les dirigeants du parti socialiste ont refusé de retirer leurs candidats où Bayrou et Mélanchon se sont présentés, François Hollande qui était l'intéressé aidé et qui a bénéficié des voix de leurs électeurs au second tour, aurait dû exceptionnellement intervenir afin qu'on se désiste en leur faveur ou qu'on ne présente carrément pas de candidat socialiste là où les deux sont candidats. Mais malheureusement, Hollande n'a rien fait pour eux après sa victoire. Il a déjà trouvé son compte. Même Daniel Cohn-Bendit, le député européen, a aussi bien regretté que le parti socialiste ne les ait pas aidés pour les faire élire en guise de reconnaissance. Le parti socialiste a commis une faute politique qu'il ne devrait pas commettre. Il est vrai que Madame Royal, quant à elle, a une position différente sur le sujet. Elle a voulu qu'on se prononce en leur faveur mais sa voix seule n'a pas pu prévaloir. C'est la faute de François Hollande lui-même de n'avoir rien fait pour eux. Cela m'étonnerait que Bayrou et Mélenchon fassent le même geste encore en 2017 en faveur de Hollande si ce dernier se représente. François Bayrou a payé cher en se prononçant en faveur de Hollande et il n'a rien gagné en retour. C'est le même cas aussi pour Jean-Luc Mélenchon. Il s'est prononcé le soir même en faveur de François Hollande en demandant à ses électeurs de voter pour lui au second tour. Il était certain même que François Hollande retenait son souffle le soir du 1er tour en attendant ce que dirait Mélenchon à ses électeurs.

Pour ce qui concerne Madame Royal en 2012, elle a été éliminée avec un score surprenant et inattendu aux primaires organisées par le parti socialiste pour choisir son candidat. Pourtant, c'est une femme charismatique et compétente dont j'admire l'honnêteté, la probité intellectuelle. Elle est moralement irréprochable. C'est une femme politique sincère, droite et correcte. Elle mérite admiration et respect en politique. Il est dommage qu'elle ait été battue aux élections législatives le 17 juin à la Rochelle. Certains ne souhaitaient pas sa réussite politique à cette fonction, que ce soit à droite comme à gauche. En politique, on a toujours des ennemis, même dans son propre camp. Elle n'aurait dû pas choisir la Rochelle pour se présenter aux législatives car elle savait que la Rochelle représentait pour elle un danger. Normalement elle avait toutes les chances d'être élue : elle avait le soutien du président de la République, du Premier ministre, du parti socialiste et de la secrétaire de ce parti. Pourquoi ne pas choisir un endroit où il serait facile pour elle d'être élue ? Dans ma langue maternelle togolaise, un proverbe dit que : « *si un aveugle te dit qu'il va te lancer une pierre, il faut prendre cela au sérieux car il l'a sous les pieds* ». Cela voudrait dire que si, malgré tout l'appui de ces ténors du parti socialiste, l'adversaire dissident n'a pas cédé et s'est maintenu contre Madame Royal, on peut logiquement supposer par simple analyse que ce dernier a de toute évidence un appui solide dans l'ombre qui l'a poussé à ne pas trembler face à Madame Royal. Sinon, par respect pour le président de la République, son adversaire dissident aurait dû se retirer en sa faveur puisqu'ils appartiennent tous deux au même bord politique.

Visant la présidence de l'Assemblée nationale, elle aurait dû aller là où il serait plus facile pour elle de se faire élire. Ceux qui lui en voulaient ont trouvé une occasion pour la faire chuter. Dans la vie politique, lorsqu'on a beaucoup d'adversaires dans son rang, on ne dévoile pas vite son ambition car ceux qui ne vous aiment pas feront tout pour vous barrer la route le moment venu, s'ils peuvent le faire, et c'est ce qui s'est passé à la Rochelle. Dans une telle situation, c'est *l'effet de surprise* comme stratégie que Madame Royal aurait dû adopter pour surprendre ses adversaires afin qu'ils n'aient pas le temps nécessaire ou suffisant pour organiser sa défaite. Malheureusement, elle a opté pour *l'effet d'annonce* très tôt, donnant l'occasion ou le temps à ses adversaires d'organiser sa chute politique. C'est une erreur politique à ne pas commettre.

Chapitre 10

La tension entre Paris et Berlin a atteint son pic les 14 et 15 juin 2012

Vu l'insistance du président Hollande dans sa position face à Angela Merkel et la visite des dirigeants du SPD à Matignon chez le Premier ministre et aussi au Palais de l'Élysée chez le président de la République ainsi que la rencontre de François Hollande avec Mario Monti en Italie avant leur sommet à 4 (Hollande, Merkel, Monti et Rajoy), la chancelière ne pouvait pas apprécier tout cela. François Hollande, en agissant ainsi, a aussitôt connu la vraie Angela Merkel. Celle-ci, d'ordinaire de tempérament calme mais ferme, s'est énervée contre ces méthodes peu diplomatiques, tentant indirectement de l'isoler et de l'affaiblir politiquement en Allemagne.

La tension est montée des deux camps ces deux jours-là. D'abord, dans la journée du jeudi 14 juin 2012, c'est la chancelière qui a tapé fort en qualifiant les solutions de Hollande « *de solutions faciles et rapides* » pour venir à bout de la crise. Le Premier ministre Jean-Marc Ayrault n'a pas tardé à réagir aussi à ces propos de la chancelière qui, selon lui, sont *des formules simplistes*. Cela n'a pas empêché Angela Merkel, le lendemain, d'enfoncer encore le clou en disant qu'elle déplore *« le manque de confiance entre les acteurs de la zone euro et met en garde contre la médiocrité qui ne doit pas devenir l'étalon de la zone euro et que c'est un faux débat d'opposer la croissance à la*

rigueur budgétaire ». « *C'est de n'importe quoi* », a-t-elle encore martelé avec le même ton de fermeté.
Je peux dire que l'efficacité de l'économie allemande a toujours fait ses preuves. Mais certains pointent l'Allemagne du doigt, prétendant qu'elle est la seule à profiter de la monnaie unique pour ses exportations excédentaires, que ses voisins, eux, n'arrivent pas à réaliser. D'aucuns disent même qu'elle gagne sur le dos de ses voisins alors qu'en réalité, c'est parce que l'Allemagne travaille dur qu'elle arrive à ce stade de performance. Qu'est-ce qui empêche ses voisins d'en faire autant ? C'est parce qu'ils ne pouvaient pas ou ne voulaient pas. L'Allemagne ne profite pas de l'euro. C'est toute la zone euro qui profite de cette monnaie commune mais seules la performance et la qualité incontestable de ses produits à l'exportation lui donnent l'avantage sur ses voisins. C'est en matière de qualité des produits et de compétitivité que tout se joue. D'abord, il est important pour les pays voisins souffrant de l'hégémonie allemande de revoir les failles de leur industrialisation pour la rendre plus performante et compétitive et de faire en sorte que les réformes leur soient devenues prioritaires au lieu d'opter seulement pour une politique de consommation intérieure. Ce que la population consomme seulement à l'intérieur ne suffira pas pour être compétitive et porter l'économie au beau fixe. Nous sommes à l'ère de la mondialisation industrielle, ce qui entraîne une concurrence accrue.
Le protectionnisme ne résoudra pas le problème et ne servira à rien. Ce serait vu comme un signe de faiblesse et d'incapacité à tenir le choc de la concurrence dans la mondialisation. Il faut au contraire investir dans les industries de pointe et de qualité pour se montrer plus compétitive. Les produits « *Made in Germany* » sont préférés à cause de leur qualité et efficacité. La crise de l'euro a fait baisser la consommation intérieure au sein de

l'Europe. Néanmoins, l'Allemagne n'a pas tellement ressenti la crise car elle exporte aussi ses produits en dehors de la zone euro. Ceux qui critiquent l'Allemagne et pointent son égoïsme ne voient pas cela. L'Allemagne a des débouchés extérieurs pour ses produits que la France n'a pas. C'est là que la France doit voir ses faiblesses.

L'Allemagne est accusée de n'avoir pas joué son rôle de capitaine de bateau dans la grande tempête qu'est cette crise de l'euro. Cette vision simpliste et accusatrice des choses paraît politiquement injuste et économiquement incorrecte. Où est la faute de l'Allemagne ? En tant que première puissance économique de la zone euro, d'aucuns pensent qu'elle devrait mettre davantage la main à la caisse pour renflouer le déficit des pays en difficulté afin de redonner confiance aux marchés très attentifs à la situation ? D'autres pays du Sud de l'Union européenne s'insurgent contre la chancelière Angela Merkel de n'avoir pas su réagir rapidement face à la crise au début, mais comment ?

Il fallait plutôt chercher la cause de la crise au lieu de s'atteler tout le temps sur ses conséquences. Dans les moments difficiles, il faut la parole de la vérité et de la sincérité pour sensibiliser et moraliser les pratiquants de la fraude. Pour résoudre cette crise, certains pensent qu'il faut en chercher les causes pour mieux attaquer les conséquences et c'est le cas de l'Allemagne. Pour d'autres, il faut attaquer les conséquences avant de chercher les causes car le temps presse et c'est la position de la France. Comment peut-on réussir à guérir durablement un malade qui souffre d'un mal si on ne connaît pas la cause réelle du mal dont il souffre ? Si on ne connaît pas les causes de la crise, quelle solution pourrait-on efficacement apporter pour la résoudre ? C'est peine perdue. La population allemande voit d'un mauvais œil que l'Allemagne paye durablement pour les autres pays de l'Union au moment où les Allemands eux-mêmes font beaucoup d'efforts et de sacrifices intenables. C'est l'histoire de la cigale et de la fourmi. L'Allemagne reproche à ses voisins de ne pas vouloir faire autant d'efforts et de sacrifices pour maintenir le cap. Le sentiment des Allemands face à cette crise est fortement compréhensible car ils se souviennent de leurs sacrifices au temps de Gerhard Schröder quand l'économie allemande était en panne et qu'il fallait faire des réformes. Dans les années 2002, on prenait l'Allemagne pour l'enfant malade de l'Union européenne en raison de sa situation économique difficile. Si elle est revenue forte aujourd'hui, c'est grâce à ses réformes. « *Donc, la fourmi n'est pas prêteuse à la cigale* ».

On accuse aujourd'hui Angela Merkel d'être le fossoyeur de l'euro puisqu'elle était réticente au début à injecter de l'argent dans la crise grecque. Elle préfère l'être, en tenant le langage de la fermeté plutôt que de céder devant les pressions et les discours germanophobes contre l'Allemagne, qui pensent qu'elle n'a pas su réagir rapidement à cette crise. Cette fermeté de sa part est le signal que chacun doit assumer sa responsabilité quand on est responsable politique. Pour cela, Angela Merkel ne cesse de rappeler le rôle principal de la BCE qui consiste à assurer la mission de stabilité et de lutte contre l'inflation. Mais, pour que cette mission soit bien remplie, il faut que la BCE conserve son indépendance vis-à-vis des États de l'Union qui cherchent à exercer leur influence sur cette institution de Francfort. La chancelière, avec une vision à long terme, n'a pas manqué au cours d'une interview le 7 juin 2012 de dire ce qu'elle souhaite pour l'avenir de l'Europe, à savoir plus d'intégration politique et abandon partiel de souveraineté nationale au profit des institutions européennes. Mais les souverainistes ne sont pas prêts à aller plus loin. L'Allemagne sait que si elle accepte les

Eurobonds que préconise la France à l'état actuel des choses, elle va payer fort, car ce serait une façon d'encourager le laxisme dans les pays du Sud. Ces pays ne vont pas changer la mauvaise habitude qui consiste à mener une politique dont ils n'ont pas les moyens financiers. L'Allemagne n'est pas là seulement pour payer le déficit que ses voisins creusent par laxisme.

Ce sentiment de mécontentement des Allemands met la pression sur la chancelière et la rend inflexible vis-à-vis de ses homologues. La pression est toujours forte en Allemagne et la chancelière est obligée d'écouter ses concitoyens qui, après tout, sont des contribuables et qui vont voter en 2013. *La solidarité en Europe, encore de la solidarité, plus de la solidarité, c'est beau de l'entendre mais il faut aussi en même temps un effort collectif en Europe pour consolider ladite solidarité. Solidarité et effort vont de pair.* Dans les discours en France, le mot *solidarité* revient souvent dans les déclarations du gouvernement actuel mais on évite scrupuleusement les mots comme *effort collectif* ou *discipline collective* ou encore *rigueur budgétaire.* On n'entend que le mot *solidarité.* L'Allemagne n'est pas dupe pour se laisser convaincre par ce mot.

Chapitre 11

Premier ministre : atout de Hollande pour ses relations avec l'Allemagne

Jean-Marc Ayrault peut jouer un rôle déterminant dans ce couple franco-allemand. Mais pour y arriver, il aura besoin de main libre en tant que fidèle du président de la République. Il suffit que Hollande lui-même lui donne ce courage de lui dire librement ce qu'il pense. Après tout, ce sont des amis. Ils peuvent se conseiller. Le Premier ministre connaît bien l'Allemagne. Il a appris sa culture, sa langue et ses méthodes. S'il s'aligne sur la position de Hollande sans pouvoir le conseiller sur l'Allemagne, ce serait un échec pour lui. Il doit pouvoir lui dire la vérité et montrer le bon chemin à emprunter pour éviter les tensions entre Hollande et Merkel. Il lui faut aussi du courage pour lui dire franchement ce qui est faisable et ce qui ne l'est pas au regard de la réalité culturelle, politique et économique de l'Allemagne qu'il connaît bien en tant qu'ancien professeur d'allemand. Les Allemands étaient contents quand ils ont appris qu'un ancien professeur d'allemand était nommé Premier ministre. Dans leur esprit, ce dernier va donc jouer un grand rôle dans leur couple et faciliter les rencontres entre Hollande et Merkel. Ne pas le faire, de peur de contrarier Hollande, serait une erreur politique de sa part. Mais, après tout, c'est à Hollande de lui donner cette liberté d'expression et de conseils. C'est pour cela que Jean-Marc Ayrault est très utile à ce poste de Premier ministre. Si malgré son poste à Matignon, il ne peut pas améliorer les relations franco-allemandes, il va perdre la confiance des Allemands, bien qu'il soit germanophile. C'est lui seul qui peut remettre les Allemands en confiance. Le Premier ministre Ayrault doit veiller à ce que lui-même ne jette pas d'huile sur le feu quand le torchon brûle entre Hollande et Merkel. Le Premier ministre doit toujours chercher à calmer Hollande et à rassurer l'Allemagne, car c'est lui qui est plus proche de l'Allemagne et connaît mieux ce pays de rigueur et de discipline, qui l'a façonné et dont il a appris la langue pour l'enseigner. C'est une histoire d'amour entre un homme et un pays. La stratégie de François Hollande en matière de politique européenne déterminera sa popularité en 2017 et conditionnera sa réélection. Pour réussir, il doit montrer et prouver que le couple franco-allemand a bien fonctionné, mieux qu'au temps de Nicolas Sarkozy. Car avec Jean-Marc Ayrault, ils ont un avantage pour y arriver, puisque ce dernier connaît bien le terrain. Si la France prend des positions dures qui vont trop dans le sens opposé à celui de l'Allemagne, il pourra toujours y avoir blocage et cela sera perçu comme un échec. Au nom de l'Union en Europe, l'Allemagne n'a aucun intérêt non plus dans la disparition de l'euro. Au contraire, elle a toujours lutté pour sa stabilité. La preuve en est qu'Angela Merkel a tout fait pour faire voter la loi sur le pacte budgétaire au Bundestag (chambre basse allemande représentant le peuple allemand) et aussi au Bundesrat (chambre haute allemande représentant les Länder). Mais disons franchement et objectivement que si le scénario inverse de la disparition de l'euro se produisait un jour, cela arrangerait économiquement aussi l'Allemagne, car elle n'aurait plus à injecter dans les Eurobonds que préconise le nouveau président élu François Hollande. Il y a toujours du chantage chez les pays du déficit budgétaire. D'aucuns diront que la disparition de l'euro provoquerait l'effondrement de l'économie allemande. Mais cette hypothèse ne serait pas possible à mon avis. Au contraire, l'Allemagne retrouverait la dynamique de son économie comme au temps du Deutsche Mark. Elle est toujours égale à elle-même. Pour forcer la main à Angela Merkel, l'Italien Mario Monti n'a pas hésité à faire usage du chantage le 29 juin 2012 à Bruxelles. Mais cette méthode n'est pas digne. L'Allemagne n'est pas obligée de céder. Pour l'exportation dans la zone euro, il est vrai que la monnaie unique favorise le commerce extérieur allemand mais il en est de même pour les autres pays voisins. Si l'euro disparaissait un jour, cela éviterait aussi à l'Allemagne de payer la dette de ses voisins puisqu'il n' y aura plus de monnaie commune. Mais l'hypothèse de la disparition de la monnaie unique est mince même si cela n'est pas souhaitable, car l'Allemagne ne voudrait pas être responsable de la disparition de la monnaie unique. C'est une décision plus politique qu'économique au vu de son passé. De la même manière, si la disparition de la monnaie unique se produisait, la France aussi retrouverait sa monnaie *franc français* et son économie se remettrait peut-être sur les rails si elle le souhaitait. Ce serait alors chacun pour soi. Les perdants seront les petits pays du Sud qui ne pourront plus bénéficier des aides de la zone euro comme au temps de la monnaie unique. Ce sont eux, les plus bénéficiaires de l'euro actuellement, contrairement à ce que certains pensent. Alors pourquoi défendre la monnaie unique si elle apporte plus de dégâts que de bienfaits à l'Allemagne et à la France, les deux grands pays ?

La tâche qui attend François Hollande est immense. Il doit faire preuve de sa capacité à diriger et dépasser son côté humaniste pour faire face aux problèmes et les attaquer à la racine. S'il cherche à plaire aux syndicats pour les rendre muets, il ne pourra pas engager les réformes qui s'imposent pendant son mandat. La situation sera comme une bombe à retardement qui pourrait un jour exploser. Il ne peut pas écouter les doléances de tout le monde. Or, en politique, on ne peut pas tout faire. Il faut résoudre les problèmes par ordre de nécessité et de priorité car l'enjeu économique est grand et nécessite des décisions graves et courageuses.

Certes, pour renflouer les caisses de l'État, les riches devraient fiscalement contribuer comme Hollande l'a préconisé, mais il doit éviter de les faire fuir avec ce projet de 75% d'impôt sur les revenus supérieurs à un million d'euros. Une politique de patriotisme devrait être menée dans ce sens pour sensibiliser les Français les plus riches mais tout en évitant de les faire fuir. Cela fait partie du devoir citoyen lorsqu'on aime son pays. Dans la vie, tout le monde ne peut pas avoir le même niveau de richesse et la même chance de réussite mais chacun doit contribuer à sa manière au développement de son pays. On n'attend pas seulement de l'État. Il faut aussi faire pour son pays. Ce livre est aussi un devoir citoyen de ma part quand je vois que l'Allemagne est souvent pointée du doigt par ses voisins qui pensent qu'elle ne fait pas assez. Dans la classe politique française, il y a certains hommes politiques qui reconnaissent quand même que l'Allemagne elle-même a fait des réformes pour retrouver le niveau de compétitivité qu'elle a aujourd'hui. C'est une analyse objective et sincère qu'ils mènent à l'égard de l'Allemagne. C'est souvent les hommes politiques de l'UMP et du Centre qui ont ce courage d'analyse objective. C'est en cela que j'apprécie beaucoup l'objectivité de François Fillon et de François Bayrou. Le jour où l'un de ces deux hommes parviendrait à se faire élire président de la République, beaucoup de choses changeront positivement en France. Ils ont de bonnes idées politiques. Je ne vois pas non plus d'inconvénient au retour en politique, un jour, de Nicolas

Sarkozy, car il est encore jeune et dynamique. Il a mené une bonne politique européenne à mon avis. Il lui suffirait seulement de changer sa méthode en matière de politique nationale ou intérieure pour redonner confiance aux Français. Dans ce cas de figure, il serait mieux qu'il soit entouré des conseillers modérés et non plus des gens qui exploitent les idées du Front national pour draguer ses électeurs. C'est cela qui a contribué à son échec en 2012 au second tour de la présidentielle.

Chapitre 12

La Grèce peut-elle se redresser tout en restant dans la zone euro ?

Rappelons tout d'abord qu'un sondage européen réalisé le 23 juin 2012 sur la crise grecque, dont Ifop-Fiducial a été l'initiateur, est révélateur. Ce sondage est publié dans le *JDD* (*Journal du dimanche*) en France, dans les quotidiens *Bild am Sonntag* en Allemagne, *Corriere della Sera* en Italie et *ABC* en Espagne. Tous les citoyens de ces quatre pays concernés affichent leur pessimisme dans la crise de l'euro quant à la capacité de la Grèce de pouvoir rembourser les fonds qui lui sont prêtés pour sortir de la crise. Cependant, 44% des Espagnols pensent que malgré cela, on peut continuer à aider la Grèce. 56% des Italiens se sont également prononcés en sa faveur. Mais les Français et les Allemands sont plus sévères dans le sondage. Pour les sondés, 78% des Allemands sont pour la sortie de la Grèce de la zone euro en cas de non-paiement des dettes. Les Français sont 73% à se prononcer ainsi. On voit clairement dans ce sondage que l'idée qui consiste à dire que l'euro profite seulement à l'Allemagne est fausse. Les plus profiteurs de cette monnaie unique sont les pays du Sud en commençant même par la Grèce. Car comme le démontre le sondage, plus un pays profite de la monnaie unique, plus ce pays est favorable aux aides et à la solidarité et son jugement est moins sévère : c'est le cas de l'Espagne et de l'Italie. Moins un pays dépend de la zone euro, et plus son jugement est sévère envers les pays profiteurs et c'est le cas de l'Allemagne et la France envers les pays en difficulté. C'est également le cas actuellement de la Finlande qui supporte très mal l'accord passé les 28 et 29 juin 2012 à Bruxelles et dit qu'elle veut bien rester dans la zone euro mais pas à n'importe quel prix.

Dans cette crise, il n'y a pas une solution miracle. Il faut des réformes profondes en Grèce dans le fonctionnement de l'État et la lutte contre les corruptions et les évasions fiscales. Les réformes sont dures mais il faut les faire.

On comprend la classe moyenne innocente de la crise qui paie les pots cassés, mais pour sortir de la crise, il faut plus de discipline dans les comportements. Par exemple, quand on souffre d'une maladie grave et qu'on refuse les traitements adéquats en disant que c'est pénible, on risque d'être emporté un jour par cette maladie.

On sent qu'il n'y a pas cette bonne volonté nécessaire de la part des dirigeants grecs pour redresser le pays mais ils veulent néanmoins rester dans la zone euro. Quel paradoxe ! Ils préfèrent utiliser la stratégie qui consiste à dire que : « *les grands pays de l'Union ne peuvent pas lâcher la Grèce et sont obligés de l'aider car si la Grèce fait faillite, c'est toute l'Europe qui sera concernée par la crise* ». C'est du chantage et cette stratégie est fort trompeuse. Si la Grèce fait faillite, elle sera elle-même la plus touchée. Certes, les grands pays prêteurs seront touchés aussi mais ils se relèveront plus vite de la crise en adoptant leur ancienne monnaie car ils sont habitués à supporter des chocs et à faire aussi des efforts considérables. Tôt ou tard, la Grèce ne pourra pas tenir. La population en Grèce risque de manifester encore son mécontentement après la formation du gouvernement de coalition. La sortie de la zone euro a été longtemps un tabou mais visiblement après un an, on voit que la Grèce ne veut pas respecter ses engagements vis-à-vis de ceux qui injectent de l'argent. Aujourd'hui, la sortie de la Grèce de la zone euro est la meilleure solution non seulement pour la Grèce elle-même mais aussi pour l'Allemagne et l'Europe tout entière. Si, au début de la crise, la Grèce avait rapidement opté pour la sortie de la zone euro et retrouvé son ancienne monnaie, les mauvaises langues diraient que l'Allemagne n'avait rien fait pour sauver la Grèce. Aujourd'hui, on voit que tous les efforts ont été fournis pour tenter de résoudre cette crise mais, du côté de la Grèce, cette discipline budgétaire est considérée comme une austérité et souvent rejetée par la population et les dirigeants grecs, ce qui décourage les partenaires européens, en particulier l'Allemagne. L'Europe ne peut pas injecter continuellement de l'argent dans la crise grecque. L'argent qu'on jette dans cette crise n'est qu'une perte énorme qui n'aura pas d'effets positifs car la Grèce ne pourra pas rembourser à long terme. Il faut voir les choses en face : soit on veut faire une Union politique plus poussée comme le préconise la chancelière Angela Merkel et là, l'euro peut survivre, ou bien on n'a pas cette volonté commune d'aller de l'avant vers l'Union politique et alors, l'euro disparaîtra un jour car personne ne veut payer pour l'autre. Pour le moment, tout le monde évite scrupuleusement la « disparition probable de la monnaie unique » et aucun dirigeant ne voudrait mettre cette option sur la table. Il y a maintenant plus d'un an que cette crise grecque est prise en charge pour être éteinte, mais pas d'évolution spectaculaire dans la résolution de la crise. Cette crise risque d'atteindre toute l'Europe et tirera l'Allemagne elle-même vers le bas, car à force d'injecter de l'argent dans la crise grecque sans cesse, elle finira par creuser elle-même du déficit et se retrouvera un jour dans la même situation. Quand on est ensemble, la règle est qu'on aide celui qui est en difficulté, mais si celui qui est en difficulté ne montre pas de volonté réelle de s'en sortir par des efforts nécessaires, on risque de s'engouffrer tous ensemble dans les mêmes difficultés. C'est ce qui se dessine à l'horizon si les pays dont l'économie est saine pour le moment ne se montrent pas prudents vis-à-vis de la crise grecque.

Normalement, cette position de l'Allemagne n'aurait pas dû faire l'objet de critique puisque celui qui prête son argent a de toute façon son mot à dire et son droit de regard sur son emprunteur puisque c'est son argent qui est en jeu. Quand vous prêtez de l'argent et que vous ne faites pas attention, vous risquez de vous retrouver dans la même situation que celle de votre emprunteur.

Les banques connaissent bien la règle. Mais ce n'est pas le cas ici. C'est l'Union mais pour que l'Union fonctionne bien, il faudrait quand même que les règles de prévention contre les risques soient efficaces. On n'aime pas que l'Allemagne prône pour la rigueur budgétaire mais quand cela va mal dans la zone euro, c'est elle qui prend la grande part de responsabilité occasionnée par ses voisins. Je ne vois pas un Allemand qui ne regrette pas aujourd'hui l'abandon du Deutsche Mark, sauf qu'on ne peut plus retourner en arrière. Mais le regret est bien palpable. L'Allemagne est tombée dans l'engrenage de l'euro.

L'Europe a transcendé les querelles et les différences d'hier. C'est un bon rêve qui est devenu réalité. Mais on a oublié une chose : l'Europe ne pourra jamais fonctionner comme les États-Unis d'Amérique car la culture n'est pas la même dans tous ces États de l'Union européenne. Aujourd'hui, toutes les hypothèses ne sont plus à écarter, à savoir la sortie de la Grèce de la zone euro ou la disparition de l'euro un jour, bien que l'Allemagne fasse tout son possible pour résoudre la crise. Car une chose est sûre : les Allemands ne veulent plus payer la dette de leurs voisins alors que ces derniers sont contre la discipline budgétaire et se montrent laxistes. Devant cette situation, la crise ne trouvera pas de solution durable. Les dirigeants politiques dans la zone euro savent que la Grèce ne veut pas ou ne peut pas respecter ses engagements pris vis-à-vis des prêteurs de fonds. Même le FMI le sait. Ouvertement, on se prononce pour le maintien de la Grèce dans la zone euro mais en même temps, il est important que les dirigeants préparent les esprits au pire, au cas où cela arrivait, puisque le destin de l'euro en Grèce appartient aux seuls Grecs. Eux seuls peuvent en décider. Ainsi, s'ils décident qu'ils ne veulent plus de l'euro, on ne peut pas les forcer. Ils ne peuvent pas dire qu'ils veulent le maintien de la Grèce dans la zone euro et en même temps refusent la discipline budgétaire. On a beau crier haut ou dire que la Grèce reste dans l'euro, s'ils ne manifestent pas cette volonté qui inspire la confiance, comment voulez-vous que la chancelière allemande puisse convaincre le Bundestag de débloquer de nouveaux fonds si tous les signes montrent que la Grèce va faire faillite ?

C'est comme le plan de redressement judiciaire d'une entreprise en difficulté : si à un moment donné, on se rend compte que l'entreprise ne peut plus être redressée, quelles que soient les mesures de sauvegarde mises en place pour la sauver, le résultat escompté ne sera jamais atteint. Inévitablement, la phase de la liquidation judiciaire interviendra. C'est le même scénario ici.

Mais comme un État n'est pas une entreprise, ceux qui tentent d'injecter de l'argent dans cette crise grecque doivent s'attendre aussi au non-remboursement des dettes de la Grèce qui ne le pourra pas.

Ce qui est regrettable, c'est que l'Allemagne fait tout pour plaire à ses voisins mais, en fin de compte, on a l'impression qu'elle est toujours remerciée par le revers de la main. J'ai le sentiment que les contribuables allemands sont aujourd'hui fatigués. Ceux qui pensent que l'Allemagne profite de l'euro, est-ce que ces gens-là se demandent comment était l'économie allemande au temps du Deutsche Mark ? La performance de l'économie allemande ne date ni d'hier, ni d'aujourd'hui, ni de l'euro. C'est dans la culture allemande.

Chapitre 13

La performance de l'économie allemande est dans la culture allemande

L'Allemagne est connue pour son travail, sa discipline et sa force économique, y compris au-delà du continent européen à travers l'histoire dans ses anciennes colonies. C'est dans la culture germanique. Elle a même voulu la transposer dans ses anciennes colonies avant la Première Guerre mondiale qui lui a fait perdre ses colonies. C'est le cas du Togo, dont l'Allemagne voulait faire à cette époque *la colonie modèle,* qu'elle appelait Togo, « *die Musterkolonie* ». Je connais bien le cas du Togo car c'est mon pays d'origine. Ceux qui ne le savent pas, c'est le moment de leur en parler très brièvement ici car le Togo n'a jamais été une colonie française mais une ancienne colonie allemande de 1884 à 1914 (30 ans) avant la Première Guerre mondiale et les Allemands l'appelaient en ce temps *Togoland.* C'était aussi le cas du Cameroun en Afrique centrale qui s'appelait Kamerun et de la Namibie en Afrique du Sud qui s'appelait Deutsch-Südwestafrika. Ce sont les trois colonies allemandes les plus connues avant la Première Guerre mondiale, mais il y en a d'autres que je n'ai pas besoin de citer ici.

Quand j'étais petit, au Togo, né dans un petit village non loin de la ville d'Atakpamé à 167 km de la capitale Lomé, vers le nord du pays, les grands-parents de la région nous parlaient déjà des Allemands et vantaient leur capacité de travail. Cette idée de la force allemande est transmise de génération en génération. Quand les anciens (vieux) paysans de mon village disaient ironiquement à un enfant qu'il a le cœur d'un Allemand, cela veut dire qu'il est fort comme un Allemand car, pendant la période coloniale allemande au Togo (1884-1914), les Allemands avaient fait des réalisations solides et avaient construit des bâtiments robustes surtout à Kamina, dans ma région natale et à quelques endroits dans le pays. Ils avaient même installé leur base et construit une station de radio émettrice étendue sur un grand espace à Kamina[7] (non loin de mon village natal), petite localité de la région d'Atakpamé leur permettant de communiquer directement avec l'Empire allemand (Deutsches Kaiserreich). Des livres ont été publiés à ce sujet en langue allemande par des auteurs allemands dont les références sont citées ci-dessous. Cette station radio émettrice a été mise en service quelques mois seulement avant le déclenchement de la Première Guerre mondiale au Togo en août 1914 au temps de Kaiser Wilhelm II (Empereur Guillaume II) et les Allemands eux-mêmes avaient détruit cette station de radio émettrice à la veille de leur défaite face aux combattants français et anglais pour ne pas la laisser entre les mains de leurs ennemis. Aujourd'hui encore, des tours allemandes de quelques mètres de hauteur tiennent encore debout dans cette localité. Ce qui était encore amusant quand j'étais petit, lorsqu'on venait découvrir pour la première fois à pied, la grande ville de la localité appelée Atakpamé, on passait à côté d'une ancienne tour allemande élevée juste au bord de la route. Quand on arrivait à son niveau, les mères faisaient danser leurs

7. Reinhard Klein-Arendt: *Kamina ruft Nauen! Die Funkstellen in den deutschen Kolonien 1904-1918.* Köln: Wilhelm Herbst Verlag, 1995, S. 113f. ISBN 3-923925-58-1; « Der Bau der Telefunken-Station Kamina (Togo) », in: *Telefunken-Zeitung*, 2. Jg., Nr. 12, Juni 1913, S. 166ff (gesamtes Heft als pdf; 3,45 MB; Wolfgang Lauber (Hrsg.) :*Deutsche Architektur in Togo 1884-1914/ L'architecture au Togo 1884-1914*, Karl Krämer Verlag, Stuttgart 1993, S. 130-136, ISBN 3-7828-4017-8; *Kamina- Die transkontinentale Funkstation des Kaiserreiches in Togo 1911-1914.* (http://www.goethe.de/INS/tg/lom/acv/pok/2009/de4304610v.htm)

enfants, juste pour faire rire. Elles disaient que si on ne dansait pas, la tour allait tomber sur eux. Avec la naïveté de l'enfance, on est obligé de danser, ce qui faisait rire. C'est un souvenir d'enfance que j'ai toujours gardé en mémoire, en rapport avec l'histoire allemande dans ma région natale, après la défaite allemande du 26 août 1914, date à laquelle les soldats anglais et français prirent contrôle de la localité. Au début de la guerre au Togo, les soldats français venant du Dahomey, déjà colonie française à l'époque, actuel Bénin à l'Est du Togo et les soldats anglais venant de la Gold Coast, également déjà colonie britannique à l'époque et actuel Ghana à l'Ouest du Togo, envahirent et surprirent les Allemands en les attaquant par la capitale Lomé, ville située au bord de la mer, alors que l'Allemagne envisageait déjà à cette époque que le Togo fût une colonie modèle, « Musterkolonie », pour la région. Les Allemands y avaient construit les chemins de fer, du sud jusqu'au nord du pays et développé le commerce ainsi que les plantations du cacao, du café, de cocotiers et du coton, après un traité de protectorat signé le 5 juillet 1884 entre le roi togolais Mlapa III de Togoville au sud du Togo et l'Allemand Reichskommissar Gustav Nachtigal représentant l'empire allemand dont l'empereur était Wilhelm I (Guillaume I). Rappelons que le dernier gouverneur de Deutsches Kaiserreich en poste au Togo pendant la Première Guerre mondiale en 1914 était Herzog zu Mecklenburg, qui a dû quitter le Togo suite à la défaite de l'empire allemand dont l'empereur Wilhelm II avait succédé à son père en 1888. Dans la grande ville de Lomé, la capitale du Togo, les rues à l'époque étaient déjà baptisées en allemand. Grâce à mes recherches, au moment où j'écris ces lignes, j'ai pu trouver une rue baptisée Hamburgerstraße où flottaient les drapeaux allemands au toit de jolis bâtiments peints en blanc très propres avec architecture allemande, mais qui, malheureusement, n'existent plus de nos jours C'est le cas aussi des avenues dénommées Franz-Fridrichstraße et Wilhelmstraße qui débouchèrent sur le Palais du gouverneur. L'Allemagne voulait à cette époque développer au Togo une économie prospère avec une bonne gestion, à l'instar de ce qui se faisait ici dans l'empire allemand (Deutsches Kaiserreich).

Le Togo a eu son indépendance le 27 avril 1960. Le père de l'indépendance est Sylvanus Olympio[8], qui a été d'abord le Premier ministre du pays en 1958 sous le Haut commissaire de France avant de devenir le premier président de la République du Togo après les élections du 9 avril 1961. Il fut malheureusement assassiné la nuit du 12 au 13 janvier 1963 par un coup d'État militaire, ce qui a été une perte énorme pour le pays économiquement, politiquement et démocratiquement. C'était le premier coup d'État militaire en Afrique noire après l'indépendance des jeunes États africains. Le pays bascula dans la dictature sous le régime Eyadema Gnassingbé qui a dirigé le pays de 1967 à 2005 avec la bénédiction de la France. Il n'était qu'un sergent à l'époque du coup d'État après avoir servi dans l'armée française.

Sylvanus Olympio, le père de l'indépendance togolaise, lui, est né le 6 septembre 1902 à Lomé (Togo) où il a fait l'école primaire catholique allemande puis l'école secondaire anglaise. Né de parents brésiliens immigrés au Togo, bourgeois et possédant des plantations de cocotiers, celui qui deviendra plus tard le premier président togolais fut envoyé par ses parents en Europe en 1920 où il poursuivit ses études à la London School of Economics. Il parlait couramment l'allemand, l'anglais, et le français. À son retour au Togo, il épousa en 1930 Dina Grunitzky, une jeune métisse togolaise, née en 1903 d'un père Allemand Harry Grunitzky, commerçant, d´origine polonaise,

---

8. *African Successs*: « Biographie de Sylvanus Olympio », article du 8.7.2008

installé au Togo et d'une mère issue d'une famille royale Kéta du Ghana. Il fut un grand intellectuel, économiste, qui rêvait pour son pays, du modèle économique allemand. De la défaite allemande en 1914 jusqu'à l'indépendance en 1960, le pays fut administré par la France et placé sous le mandat de la SDN (Société des Nations). En raison du statut particulier du Togo, suite au traité de paix qui a suivi la Première Guerre mondiale dépossédant l'empire allemand de ses colonies. Selon l'histoire de l'époque, le premier président togolais Sylvanus Olympio avait de l'admiration pour l'Allemagne et voulait orienter sa politique économique et monétaire vers le modèle de cette ancienne puissance coloniale. Mais cela ne plaisait pas du tout à la France de l'époque qui voulait garder son influence sur le pays. De plus, Sylvanus Olympio, économiste de formation dans une grande université anglaise, se montrait intraitable et inflexible vis-à-vis de la France et voulait rompre avec le franc CFA (franc des colonies françaises d'Afrique) afin de doter le pays d'une nouvelle monnaie nationale qui serait appelée : *le franc togolais*.

Une loi n° 62-20 du 12 décembre 1962 portant création de la Banque Centrale du Togo avait été votée dans ce sens et publiée au *JO* (*Journal Officiel*) n° 206 du 1er janvier 1963.

Tout était donc bien parti pour ce jeune État nouvellement indépendant en 1960. Pour cela, il a fait appel d'offre pour l'émission de cette nouvelle monnaie. Cet appel d'offre avait été remporté par l'Angleterre qui devait battre cette monnaie togolaise dont la valeur et la stabilité devaient être garanties par l'Allemagne, son ancienne puissance coloniale. À cet effet, un accord pour abandonner le franc CFA avait même été préparé par ce premier président togolais Sylvanus Olympio et devait être signé entre lui et la Banque de France le 15 janvier 1963 pour sortir

définitivement le Togo de la zone franc CFA. Cette monnaie togolaise ne verra jamais le jour, suite au coup d'État militaire et son assassinat dans la nuit du 12 au 13 janvier 1963 au Togo. Ce fut un dimanche.
La performance de l'économie allemande aurait sans doute transformé le Togo dans la sous-région si ce pays était resté colonie allemande jusqu'à son indépendance ou encore si ce premier président Sylvanus Olympio n'avait pas été assassiné avec lâcheté en 1963, seulement trois ans après l'indépendance du pays. Voilà le défaut de ces deux hypothèses qui a plongé le pays dans la situation dramatique où sont aujourd'hui les Togolais.
Moi-même en tant que Togolais d'origine, je n'ai jamais rêvé qu'un jour je deviendrais citoyen allemand, étant né dans un petit village au Togo dénommé Abi, de parents paysans qui ne savaient ni lire ni écrire. Mais j'ai eu la chance d'avoir un père intelligent et d'une grande ambition pour ses enfants bien que lui-même fût paysan. Il voulait à tout prix que ses enfants aillent à l'école pour apprendre ce que lui-même n'avait pas eu la chance de faire, faute d'avoir été envoyé à l'école par ses parents qui ont aussi grandi au village. Mais nous, nous avons pu faire un parcours universitaire comme si nos parents étaient des intellectuels. Aujourd'hui, je suis fier de mon parcours même si je n´ai pas pu trouver un poste de notaire stagiaire en France pour réaliser mon choix professionnel. C'est ça la face réelle de la France. Pourtant, je suis titulaire d'une Maîtrise droit notarial, d'un Master droit immobilier, d'un Master droit notarial et d'un Doctorat en droit privé. Tous ont été obtenus en France. Pour quelqu'un qui est né au Togo et a grandi au Togo avec des parents paysans qui ne savaient ni lire ni écrire, c'est déjà un bon parcours puisque ce parcours n'est même pas facile pour ceux qui sont Français ou nés en France. J´honore ici mes parents.
Mon père n´est plus là pour contempler mes réussites.

Chapitre 14

La France pourra-t-elle adapter ses réformes sur le modèle allemand ?

Il faut reconnaître que les réformes sont difficiles à engager en France, que ce soit par un gouvernement de droite ou de gauche. La France est un pays où la grève est monnaie courante. Les gens descendent souvent dans la rue. D'où la peur des dirigeants d'affronter la rue et de risquer d'être impopulaires. Les sacrifices économiques ne sont pas ancrés dans les habitudes de la population française comme en Allemagne. *On ne peut pas avoir le beurre et en même temps l'argent du beurre*. Les syndicats sont exigeants. Les grèves bloquent les grandes réformes dont le pays en a besoin pour être plus compétitif. Si on veut que le pays soit compétitif, on doit accepter les sacrifices qui s'imposent. C'est ce sacrifice que fait l'Allemagne pour son économie et la rend plus compétitive qui lui permet de dégager plus d'excédents que ses voisins. Voyons par exemple les réformes que Gerhard Schröder, le prédécesseur d'Angela Merkel a engagées et qui l'ont rendu impopulaire pendant son mandat. Elles sont pourtant acceptables car indispensables pour l'économie. Les fruits de ces efforts payent aujourd'hui. Dans d'autres pays de la zone euro, comme par exemple en France, ces réformes n'auraient pas pu aboutir, mais devant la crise, les Allemands se sont unis et ont mis en avant l'intérêt national au-dessus de leurs intérêts particuliers pour accepter ces dures réformes. C'est ce courage de réformes dont la France a besoin. François Hollande a-t-il aujourd'hui ce courage et cette volonté d'affronter la rue ? Je ne pense pas.

Les grèves sans concession en France paralysent tout et seront peut-être un gros problème pour ce gouvernement aussi qui, pour le moment, n'a pas encore reçu son baptême du feu du mécontentement de la population dans la rue.
C'est la grande différence entre la France et l'Allemagne. Si c'est nécessaire pour le pays, les Allemands se mettent d'accord pour trouver une solution au moyen des réformes dans l'intérêt du pays, ce qui n'est pas possible en France. Les gens n'aiment pas faire des sacrifices collectifs en matière économique dans l'intérêt du pays. Les gens ne sont pas habitués aux rigueurs auxquelles les Allemands sont habitués. Aucune réforme ne pourra aboutir s'il n'y a pas une vraie sensibilisation de la population en France. Je donne un exemple parmi tant d'autres : au temps de la réforme sur le CPE (contrat de première embauche) engagée par Dominique de Villepin au début d'année 2006, il y a eu des manifestations dans toutes les grandes villes du pays soutenues par les syndicats. C'est rare de voir une grève d'une telle ampleur en Allemagne.
Le pays a besoin de réformes en profondeur dans tous les secteurs : sécurité sociale, flexibilité dans le licenciement mais qui ne doit pas déboucher sur des abus, souplesse dans les contrats de travail, réduction de durée d'indemnisation après une longue durée de chômage afin d'inciter les gens à retrouver d'emploi, etc.
La fixation de l'âge légal de la retraite à 60 ans n'est pas une bonne chose pour la France car l'espérance de vie est de plus en plus longue et les gens doivent normalement travailler plus longtemps pour pouvoir financer leur retraite. Le programme de Hollande s'éloigne de tout ce que je viens de citer.
De plus, en France, les entrepreneurs de tous bords confondus, sans exception, n'aiment pas recruter les jeunes sans expérience professionnelle. Ils préfèrent ceux

qui sont déjà expérimentés et qui sont prêts à produire des rendements dès le premier jour d'embauche. Ils n'aiment pas former. Pourtant, eux-mêmes sont passés par-là et ont été formés par quelqu'un avant de devenir employeurs ou entrepreneurs. C'est ce côté égoïste et individualiste très poussé à la française qui nuit à son économie et produit le chômage des jeunes qui sortent des universités avec des diplômes sans emploi. Ce n´est pas le cas en Allemagne.

En France on suit aussi de longues études universitaires souvent trop théoriques et peu de pratique en parallèle dans les entreprises ou les cabinets. Or, tout le monde n'est pas fait pour faire de longues études. Il faut la pratique en entreprise en parallèle. Il faut que la France crée un « système de formation » pour aider les jeunes.

Comme on l'appelle en Allemagne, « Die duale Ausbildung » est une sorte de formation en alternance ou en apprentissage qui consiste à partager son temps de formation entre l'entreprise et l'école de formation.

Les stages obligatoires en parallèle aux formations universitaires sont difficiles à trouver en France et encore pire lorsqu'on est Africain d'origine et peu importe qu'on soit Français de nationalité ou ressortissant d'un pays de l'Union européenne. Vous vous rendez compte que quelqu'un comme moi puisse avoir des difficultés à trouver un stage en étude notariale pour préparer le DSN (diplôme supérieur de notariat) alors que j'ai la maîtrise droit notarial, le Master droit immobilier, le Master droit notarial et le Doctorat en droit privé ? Pourtant, c'est la face réelle de la France, contrairement à ce que les gens croient en disant que la France est un pays d'accueil.

C'est de l´hypocrisie française. Je n'ai jamais rencontré ce genre de problème pour un stage chez un notaire en Allemagne, un pays que les mauvaises langues décrivent pourtant comme raciste. Aujourd'hui entre la France et l'Allemagne, dans lequel des deux pays y a-t-il le plus de

racisme au niveau de l'emploi et de la formation ? C'est bien sûr en France. Donc, arrêtez d'avoir des préjugés ou des idées préconçues sur l'Allemagne d'aujourd'hui.
De plus, d'après ce que j'ai constaté, dans le système éducatif allemand, les professeurs d'école détectent très tôt les élèves qui peuvent ou veulent faire de longues études et ceux qui ne peuvent pas. Ces derniers sont orientés vers les écoles professionnelles dès leur adolescence et ceux qui peuvent faire des études longues continuent au lycée pour préparer le bac selon leur potentialité ou motivation à faire de longues études. En France cela ne fonctionnera jamais. Cela engendrerait un conflit permanent entre les parents d'élèves et les professeurs d'école. Ce « système de formation » réduit le chômage des jeunes et les prépare à affronter facilement le marché du travail à leur sortie de l'école et de la formation. Cette inexistence de « dual » en France peut être l'une des causes du chômage précoce. Ce n'est pas la faute des étudiants ou des élèves, mais c'est le système pédagogique qui est ainsi et qui les pénalise. Malheureusement, les gouvernements en France, de droite comme de gauche qui se succèdent ne détectent pas ce vrai problème de chômage des jeunes et attribuent le faible taux de chômage en Allemagne à d'autres causes, même s'ils ont partiellement raison dans leur analyse. Certains pensent en France de façon erronée que si le taux de chômage en Allemagne est faible, c'est parce que le nombre de demandeurs d'emploi est faible et que la population allemande vieillit. C'est vrai mais ce n'est pas la seule raison qui peut expliquer le faible taux de chômage en Allemagne. Ce sont les arguments de certains hommes politiques français pour se déculpabiliser de leur incapacité à trouver une solution au problème de chômage des jeunes. Dans ce faible taux de chômage en Allemagne, il faut voir plusieurs facteurs : d'abord, le système éducatif allemand précédemment évoqué plus haut, à savoir « Die

duale Ausbildung ». Ensuite viennent les PME (petites et moyennes entreprises) allemandes qui fonctionnent bien et sont innovantes. Elles sont spécialisées dans les produits haut-de-gamme. Le gouvernement, les syndicats et les entreprises travaillent ensemble pour résoudre des problèmes du pays. C'est très important. Les Allemands embauchent aussi les jeunes pour les former au côté des personnes expérimentées. Enfin, la performance économique de l'Allemagne est due aux réformes que ce pays peut engager si c'est nécessaire. Le temps de Gerhard Schröder en témoigne, pourtant social-démocrate.
La France doit engager une vraie politique d'emploi des jeunes et encourager les entreprises à les prendre sans expérience pour accepter de les former. La rémunération allouée au stagiaire qui est une charge à l'employeur pourrait être partagée entre l'Etat et le patronat. Tout le monde doit mettre « la main à la pâte » si on veut que la France retrouve un jour le niveau de compétitivité que l'Allemagne a aujourd'hui.
Pour assainir la caisse de la Sécurité sociale, la France peut instaurer aussi une sorte de versement comme cela a été fait en Allemagne pendant la réforme du chancelier Schröder, mais peut-être à un montant inférieur à 10€ tous les trimestres, par les patients qui consultent leurs médecins dans cet intervalle de temps et cette somme sera reversée à la Caisse d'assurance maladie. Étant donné que les réformes sont dures à réaliser en France, le montant pourrait être la moitié de ce qui se fait en Allemagne où on paie 10€ chaque trimestre quand on consulte un médecin. S'il y a un signe de bonne volonté en faveur des réformes, la France va renouer avec le chemin de la compétitivité et de la crédibilité en matière économique. Malheureusement, le président Hollande ne veut pas aller jusque-là. Mais vu l'allure que prennent les choses, ce couple franco-allemand fonctionnera difficilement pendant

ce quinquennat. Les difficultés proviendront en grande partie de la prise de position du président François Hollande dans les décisions européennes ou dans les nominations aux postes de décision dans les institutions européennes. C'est par exemple ce qui a été rapporté il y a quelques semaines dans les quotidiens français sur la forte réserve de François Hollande concernant une nomination éventuelle du ministre allemand des Finances Wolfgang Schäuble en remplacement du Luxembourgeois Jean-Claude Juncker à la tête de l'Eurogroupe. Une information, selon les mêmes sources, qui aurait paru dans le journal allemand *Der Spiegel* du lundi 21 mai 2012. Cela ne fera que renforcer la complication de leurs relations et en même temps éloigner le climat de confiance entre les deux pays. Si la confiance des deux côtés fait défaut, on ne voit pas comment les décisions pourront être prises de commun accord en toute confiance.

Comment peut-on souhaiter ou même exiger que l'Allemagne mette davantage la main à la caisse pour financer les projets européens ou aider ses voisins en tant que première puissance économique de l'Union européenne tout en émettant en même temps des réserves lorsqu'un Allemand est pressenti à un poste de responsabilité dans une des institutions européennes ? Cette prise de position ne pourra pas favoriser le rapprochement. Or, Hollande et Merkel sont au début et ils ont besoin de se faire confiance pour pouvoir travailler ensemble. La position de François Hollande va de plus en plus mettre Angela Merkel sur ses gardes et la rendre méfiante. Actuellement, si on observe les deux rencontres, à savoir celle du 15 mai 2012 de Hollande à Berlin et celle du sommet informel de Bruxelles, Angela Merkel s'est montrée accueillante et voudrait laisser le temps à Hollande d'adapter son discours à la réalité. Mais Hollande a cru à un relâchement de la part de la chancelière. Or, elle prend seulement le temps d'observer si François Hollande va adapter son programme et ses promesses à la réalité ou non.

Angela Merkel peut accepter l'idée de croissance mais pas celle qui consistera à creuser encore le déficit au lieu de le réduire mais celle qui passera par les réformes. Tous les dirigeants sont en faveur de la croissance mais comment y parvenir ? C'est là que les voies sont divergentes. On peut avoir la croissance en s'attaquant aux réformes, qui produiront leurs effets plus tard. On peut vouloir aussi injecter de l'argent pour créer de l'emploi à la manière de Barack d'Obama, quand il a soumis en 2008 ses ambitions financières au vote du congrès pour relancer l'économie américaine. Mais il s'agit là d'un État fédéral et l'Europe n'en est pas à ce stade, d'où le refus des Eurobonds. Les pays de l'Europe du Nord ne veulent pas payer pour les pays du Sud qui se montrent laxistes. Je partage la vision des choses de l'ancien chancelier allemand Gerhard Schröder dans ses propos recueillis en mai dernier par Pascale Hugues, correspondante de l'hebdomadaire *Le Point* à Berlin, car cela rejoint l'idée que je développe dans ce livre. Il apprécie l'idée de croissance de François Hollande tout en soulignant qu'on ne peut pas vouloir de la croissance sans penser aux réformes structurelles. Les deux vont de pair. Il a même souligné que François Hollande a tort de vouloir coûte que coûte négocier le pacte budgétaire alors que cela avait été décidé en urgence en novembre 2011 pour stabiliser l'euro en pleine crise de la Grèce. J'ai aussi apprécié sa réponse à une question de la journaliste, à savoir, si la victoire de François Hollande face à Nicolas Sarkozy pouvait être une chance pour le SPD aux élections de 2013 en Allemagne ? Sa réponse rejoint ma position dans ce livre où il disait que même si cela pouvait donner un effet psychologique positif au SPD, il ne faudrait pas que le SPD commette l'erreur de copier le programme de Hollande s'il aimerait gagner. Ce qui revient à dire que les Allemands ne veulent pas de ce programme. Il a souligné aussi ce qui fait la force de l'économie allemande à savoir les PME allemandes bien innovantes partout dans les Länder et non pas seulement au Sud de l'Allemagne à Baden-Württemberg et à Bayern (Bavière). Il a mis l'accent aussi sur les conseils d'entreprises qui participent au processus de décision grâce à la cogestion. C'est le cœur du modèle allemand. J'ai apprécié tant de choses dans son interview qui me confortent dans mon analyse politique et ses effets à venir. Cela confirme bien ma vision réelle que j'ai de la situation politique actuelle entre la France et l'Allemagne. Schröder n'a pas manqué non plus de rappeler que quand on veut faire des réformes, il faut accepter le risque de perdre les élections à venir puisque les réformes ne produisent pas immédiatement ses effets. C'est ce qui lui a coûté sa défaite, de justesse, aux élections anticipées de 2005, qui auraient pu lui permettre d'effectuer son troisième mandat, mais qu'il a raté car ces réformes étaient dures et l'ont rendu impopulaire dans le pays. Aujourd'hui il ne regrette pas de les avoir engagées, puisque ces réformes appelées agenda 2010 entamées en 2003 n'ont commencé à produire leurs effets qu'en 2010. Sa popularité a donc baissé de 2003 à 2005. Néanmoins il a fait un score plutôt meilleur que prévu à ces élections de 2005, bien qu'il ait été battu de justesse par la candidate de la CDU qu'était Angela Merkel. Je me souviens même qu'il y a eu une vive discussion entre les partis politiques en 2005 après ces élections (puisque j'étais déjà en Allemagne) et j'ai suivi le débat car Schröder ne voulait pas, au début, céder sa place à Angela Merkel. Mais la CDU avec son alliée de la Bavière, la CSU, avaient fait un score un peu supérieur à celui du SPD et des Verts. Cette année-là, les deux grands partis étaient dans l'obligation de former une grande coalition entre eux, faute de majorité requise pour former le gouvernement avec un petit parti. Or, si la CDU et le SPD formaient la grande coalition, le chancelier devait être logiquement issu du parti qui a un peu plus de députés. Voilà la raison pour laquelle Schröder a finalement cédé. Angela Merkel est devenue chancelière en 2005 et Schröder, lui, a quitté la politique pour rentrer au Gasprom russe où il a un poste important.

Évidemment, quand on veut servir son pays, il faut faire des choses non pas dans son propre intérêt mais pour l'avenir du pays, afin que les générations futures puissent en bénéficier. Aujourd'hui, le chancelier Schröder n'est plus dans la politique, mais ses actions engagées produisent aujourd'hui des effets positifs sur l'économie allemande. C'est pourtant un social-démocrate et Nicolas Sarkozy n'a pas manqué de le rappeler à François Hollande lors de leur débat télévisé d'entre-deux-tours. Pour faire un parallèle avec la politique générale en Allemagne, je dirais que cette vision à moyen ou à long terme en politique est semblable au niveau communal, en particulier en matière de politique foncière. S'il n'y a pas de problème récurrent de logement en Allemagne comme en France, cela a des raisons et peut s'expliquer valablement. Ce n'est pas un hasard. En Allemagne, les maires, quand ils sont élus, mènent une bonne politique foncière en investissant à moyen ou à long terme dans les réserves foncières afin que la commune dispose de terrains et puisse faire des réalisations quand elle en aura besoin dans les dix ou vingt ans à venir. Or, pendant ce délai, le maire qui a mis cette politique en place n'est plus là en tant que maire. Il l'a fait pour ses successeurs. Ce travail ingrat, qui n'est pas récompensé politiquement (puisque l'électeur ne voit pas la réalisation immédiate de son élu) n'est pas pratiqué en France, même si ces dernières années, l'accent est mis sur les outils de politique foncière pour permettre aux collectivités d'intervenir dans leurs communes pour construire davantage de logements. Ce ne sont pas les lois qui manquent en France mais les élus locaux dans ce domaine n'en font pas usage correctement. Il y a un manque de volontarisme politique. Depuis l'année 2000, à commencer par la loi SRU (solidarité et renouvellement urbain) du 13 décembre 2000, les maires devraient normalement construire un pourcentage donné de logements sociaux dans leurs communes. Mais certains ne sont pas motivés pour cela. Le maire français dans sa commune se soucie plutôt de faire quelque chose qui lui sera payant politiquement à court terme et assurera sa prochaine réélection. C'est cette vision électoraliste à court terme qui est un obstacle à la politique foncière en France et les problèmes de logement sont toujours récurrents. L'élu français doit avoir le courage d'engager les réformes nécessaires, même si ces dernières vont lui faire perdre sa prochaine réélection. Quand on est élu, c'est pour servir le peuple et non pas pour servir ses ambitions politiques personnelles. La question qu'un élu devrait constamment se poser ne devrait pas être : comment puis-je faire pour être réélu aux prochaines élections ?, mais qu'est-ce que je peux faire pendant mon mandat pour rendre service à mon pays ? Pour ce faire, quelle que soit la nature des réformes, si l'élu les juge nécessaires, il doit pouvoir les engager, même si elles ne portent pas leurs fruits dans l'immédiat. La vision de la politique doit toujours être une vision à moyen ou à long terme projetée sur l'avenir. Sans doute, il y aura aussi des urgences à gérer quotidiennement mais on ne doit pas perdre de vue le moyen ou long terme.

J'ai toujours constaté qu'en France, si les responsables politiques engagent une réforme et que les syndicats descendent dans la rue, ils abandonnent, même quand cela est nécessaire pour le pays. Les réformes sont toujours dures à faire passer, mais elles sont en même temps nécessaires pour adapter la société à l'évolution du monde actuel et adapter la compétitivité face à la mondialisation. Le protectionnisme ne doit pas se substituer à la compétitivité. Pratiquer le protectionnisme c'est avoir peur de la concurrence et de la compétitivité dans un monde ouvert. C'est la peur d'affronter les autres. Fermer la porte au monde extérieur ne serait pas la solution.

Les politiques n'aiment pas engager de réformes car ils ont peur de ne pas pouvoir se faire réélire aux élections. Les employeurs non plus ne veulent pas former les jeunes et préfèrent ceux qui sont déjà prêts (opérationnels). Voilà à quoi ressemblent aujourd'hui la culture française et le visage du marché du travail français. La réussite économique allemande n'est pas un miracle. C'est un sacrifice de tous les acteurs concernés. C'est la bonne volonté à tous les niveaux de la société, du plus haut au plus bas de l'échelle. Vouloir imiter l'Allemagne ou la copier exige au préalable qu'on se débarrasse de toute sorte de vieilles habitudes qui sapent l'économie française. Pourtant, la France dispose de potentialité humaine en termes de natalité que l'Allemagne n'a pas. Paradoxalement, cette dernière s'en sort mieux que la France, excepté en matière de politique familiale où la France est en avance sur l'Allemagne, par défaut de crèches qui ne sont pas développées outre-Rhin.

Néanmoins, le gouvernement fédéral investit fortement pour encourager les familles à faire des enfants et le pays est en train de rattraper son retard aussi sur ce point. Mais l'Allemagne a encore beaucoup à faire. Cela pour dire qu'il y a des domaines où la France aussi est en avance sur l'Allemagne.

Aujourd'hui, s'il y avait une élection en Allemagne, Angela Merkel pourrait gagner, car la population allemande en a marre de cette crise qui les oblige à

injecter de l'argent sans limite pour ses voisins, alors que les Allemands eux-mêmes en ont besoin.
Aux yeux des Allemands, Angela Merkel mène bien la politique européenne. Elle est ferme et ils ont l'impression que si le candidat du SPD devient chancelier en 2013, il sera plus enclin à écouter François Hollande. C'est tout le problème. Il faut dire que la victoire du SPD dépendra en partie de la manière dont la tension entre Hollande et Merkel sera perçue par l'électeur allemand. L'Europe doit être la préoccupation première, mais il est évident que les citoyens nationaux de chaque pays mettent la pression sur leurs dirigeants pour arracher le maximum d'accord en leur faveur. François Hollande le fait évidemment pour gagner la confiance de ses électeurs français qui l'ont élu le 6 mai 2012 et qui attendent beaucoup de lui. Les autres dirigeants européens pensent aussi à leur sort dans leur pays respectif. C'est pourquoi les voisins européens doivent aussi comprendre la position d'Angela Merkel. Une élection l'attend et elle ne veut pas perdre, d'où sa fermeté en matière de politique européenne. Si le SPD gagnait, ce serait favorable à François Hollande car il aura toutes les chances de voir sa position renforcée au sein de la zone euro. Mais si ce parti perdait et que la CDU gagnait, Hollande serait obligé de s'entendre avec la chancelière qui reviendrait encore plus forte. Aux yeux des Allemands, c'est Angela Merkel qui défend au mieux l'intérêt des Allemands et on ne sait pas ce que ferait demain le SPD s'il gagnait les élections. Va-t-il suivre le programme de son allié François Hollande ou pas ? C'est tout le point d'interrogation des Allemands. La campagne des élections législatives en Allemagne sera dominée par la politique européenne et la crise de l'euro. Le SPD sera mal à l'aise dans cette campagne car aucun Allemand ne veut la politique des « *solutions faciles et rapides* », si je peux me permettre de reprendre l'expression de la

chancelière Angela Merkel. Si Angela Merkel parvenait à gagner ces élections de 2013 face au candidat du SPD, il faudrait s'attendre encore à de plus de fermeté de sa part. Ce serait une légitimation par les Allemands du choix de rigueur et d'austérité. À chaque fois qu'un sondage sur les Eurobonds est réalisé actuellement en Allemagne, la majorité des sondés sont toujours opposés à cette idée dangereuse pour l'économie allemande. Il en est également du sondage réalisé et publié le vendredi 25 mai 2012 dans lequel une majorité écrasante des Allemands, jusqu'à 79%, sont contre les Eurobonds et même contre le maintien de la Grèce dans la zone euro. Au regard de tout cela, la leçon qu'on pourrait en tirer, c'est que les Allemands soutiennent Angela Merkel dans sa politique européenne et plus on avance vers 2013 et plus encore sa popularité sera forte, car la pression va encore monter des deux camps (SPD et CDU). Il serait même conseillé à François Hollande de ne pas autoriser, dans son équipe gouvernementale, ceux qui interviennent avec fracas dans la presse par des déclarations intempestives ou improvisées contre Angela Merkel ou contre sa politique de rigueur. Car ces déclarations peu diplomatiques n'amélioreront rien en ces temps où les relations sont déjà tendues entre lui et Merkel.
Je lisais sur le site Internet du quotidien *Libération* du 13 mai 2012 une déclaration dans laquelle un membre du gouvernement Ayrault déclarait que « *Angela Merkel ne peut pas décider seule de l'Europe* ». Ce genre de déclaration froisse et n'arrange pas les relations. « Hollande a besoin d'une atmosphère sereine au début de leurs relations ». C'est le moment où la confiance se noue. C'est le moment d'observation de part et d'autre pour les deux dirigeants. Les gestes seront scrupuleusement analysés et commentés. La situation aujourd'hui dans la zone euro est délicate et critique. La survie de l'euro est

actuellement déterminante et dépendra de la seule évolution des relations franco-allemandes d'ici la fin de l'année 2012. Sans le sens du compromis et la volonté réelle de François Hollande d'une part, et ceux d'Angela Merkel pour travailler ensemble à trouver une solution durable à ce problème de crise d'autre part, la monnaie unique disparaîtra dans un avenir proche ou lointain. Actuellement, cette disparition de l'euro dans les pays de l'Europe du Nord est souhaitée par la population mais les dirigeants politiques l'ont placé *sous perfusion* en ce moment afin de ne pas endosser cette grande responsabilité politique dans l'histoire de cette monnaie commune. Les contribuables ne supportent plus ces dettes des États déficitaires qui s'enchaînent. Les mois à venir seront déterminants et cruciaux pour la survie de cette monnaie unique.

Chapitre 15

L'exigence des Eurobonds et le piège du fédéralisme non voulu

Certains pays, à commencer par la France, n'accepteront pas facilement de perdre une partie de leur souveraineté au profit d'une Europe plus forte, dans le domaine du contrôle budgétaire de chaque État par exemple. D'une part, l'Allemagne et la France ont chacune un système politique différent : l'Allemagne est un État fédéral qui partage le pouvoir avec les Länder et le champ de compétences est prévu par la Constitution allemande appelée Loi fondamentale. D'autre part, le régime politique allemand est un régime parlementaire qui donne les pleins pouvoirs au Bundestag (chambre basse du parlement allemand) devant lequel la chancelière Angela Merkel doit de temps en temps s'exprimer et rendre compte de ses décisions, parfois même demander d'abord l'aval des députés de cette chambre avant de prendre certaines décisions qui touchent à l'argent du contribuable (pour les questions de politique européenne notamment). C'est d'ailleurs en raison de ce fédéralisme que toutes les grandes institutions allemandes ne sont pas concentrées à Berlin, la capitale fédérale, mais éparpillées dans les grandes villes. En France, les grandes institutions du pays sont concentrées à Paris et la Cour de cassation basée à Paris est composée de six chambres : trois chambres civiles, une chambre commerciale et financière, une chambre criminelle et une chambre sociale. Le Conseil constitutionnel est aussi basé à Paris. C'est la caractéristique d'un État unitaire où les grandes institutions sont concentrées dans la capitale du pays, à l'opposé d'un État fédéral comme l'Allemagne.

En Allemagne, c'est très différent. Par exemple, le Bundesverfassungsgericht est basé à Karlsruhe. C'est la plus haute juridiction allemande et c'est à elle que revient le dernier mot en matière de conformité des lois au regard de la constitution. C'est elle qui examine la conformité des lois au regard de la Loi fondamentale allemande (la Constitution) et c'est l'équivalence du Conseil constitutionnel français. D'ailleurs, les hauts magistrats fédéraux de cette Cour constitutionnelle vont examiner la conformité de cette loi sur le pacte budgétaire que le Bundestag a votée le 29 juin 2012. C'est la raison pour laquelle le président de la République fédérale d'Allemagne (Bundespräsident), Joachim Gauck, ne l'a pas encore promulguée et attend d'abord la décision de ces grands juges qui se réunissent à Karlsruhe à partir du 10 juillet 2012 pour examiner la conformité de l'accord donné par Angela Merkel au dernier sommet de Bruxelles par rapport à la Loi fondamentale allemande (Constitution). Cela veut dire que l'euro n'est pas sorti d'affaires en Allemagne, car les juges de Karlsruhe doivent d'abord se prononcer sur les plaintes déposées devant la Cour constitutionnelle par certains députés, qui considèrent qu'Angela Merkel n'aurait pas dû céder aux pressions de Mario Monti les 28 et 29 juin 2012 sur l'UB (Union Bancaire) et l'utilisation du MES (Mécanisme Européen de Stabilité) sans l'accord préalable des députés du Bundestag, représentants du peuple, et donc défenseurs du contribuable allemand.

J'ajoute que dans ce système de fédéralisme allemand, c'est dans la même ville de Karlsruhe que se trouve aussi

le Bundesgerichtshof. Cette haute juridiction se place hiérarchiquement au-dessus des cours d'appel allemandes (à l'instar de la Cour de cassation en France) et réexamine les affaires déjà jugées en appel et portées à son niveau par un système appelé « *Revision* » en allemand.
À l'instar du Conseil d'État français pour les conflits administratifs, il y a aussi la Cour fédérale administrative allemande appelée Bundesverwaltungsgericht basée à Leipzig. La Cour fédérale pour les affaires sociales se trouve dans la ville de Kassel et s'appelle Bundessozialgericht. La Cour fédérale des Finances se trouve à München (Munich) et s'appelle Bundesfinanzhof à l'instar de la Cour des comptes en France.
On voit déjà à travers ce schéma institutionnel que tous les pouvoirs ne sont pas concentrés à Berlin. Toutes les institutions de l'État fédéral ne sont donc pas rassemblées à Berlin où se trouve le pouvoir exécutif allemand. Le pouvoir fédéral est habitué au partage des compétences alors qu'en France, avec le système d'État unitaire, tous les pouvoirs sont concentrés à Paris. On voit mal comment la France, historiquement habituée à la concentration de tous les pouvoirs à Paris, pourrait accepter facilement de partager ses pouvoirs avec l'Europe à Bruxelles. C'est un des obstacles à l'avancement rapide de la France vers une union politique européenne plus poussée que préconise sa voisine, l'Allemagne, déjà habituée au partage de pouvoir.
La France veut une mutualisation des dettes souveraines des États de la zone euro mais, à mon avis, François Hollande n'a pas mesuré la portée des dettes souveraines (Eurobonds) et leurs impacts. C'est le paradoxe qui est difficile à comprendre par les Allemands qui ne comprennent pas comment on peut mutualiser les dettes souveraines sans abandonner la souveraineté budgétaire à l'Europe qui gérera ces dettes mutualisées. En exigeant la mutualisation des dettes souveraines de l'Europe, François

Hollande lui-même s'est piégé, fournissant un argument à l'Allemagne qui peut préalablement exiger une union politique européenne plus poussée à l'instar du fédéralisme en contrepartie des Eurobonds. « L'Allemagne n'est pas dupe ». Quand on veut la mutualisation des dettes souveraines on doit pouvoir aussi abandonner partiellement la souveraineté étatique au profit de Bruxelles qui va gérer cette mutualisation. On ne peut pas vouloir la mutualisation des dettes souveraines et en même temps priver Bruxelles des instruments de contrôle des budgets nationaux. Soit on veut les deux ou on ne veut rien du tout. *« On prend la médaille avec son revers ou on ne prend rien du tout »,* comme la chancelière Angela Merkel n'a pas manqué de le souligner. Il faut en plus ajouter que la complication ou la réticence pour cette avancée politique en Europe repose sur la différence de culture. Il est faux de dire que l'Europe a une culture commune. L'Europe a une histoire commune mais pas une culture commune. Il y a un destin commun et une identité commune mais l'Europe est un continent composé de plusieurs pays de cultures différentes. La façon de penser démocratiquement est certes la même, à des degrés différents cependant, mais les méthodes et les habitudes culturelles ne sont pas les mêmes. En ayant vécu en France et en Allemagne, je suis bien placé pour le dire en observant les habitudes et les cultures de chaque pays. Rassembler les cultures et les habitudes des 27 pays dans l'Union européenne n'est pas chose facile. Deux individus qui grandissent dans deux milieux différents et qui parlent déjà deux langues différentes ont nécessairement deux cultures différentes même s'ils ont la même couleur de peau. La mentalité n'est pas non plus la même. La seule chose qui peut les rassembler ou les unir est leur volonté commune de vivre ensemble et de mettre leur effort en commun pour construire. Mais au niveau de la culture,

tout est différent. C'est le problème qui se pose aujourd'hui en Europe et qui freine l'intégration approfondie de l'Union. Certains pays de l'Union sont prêts pour cette démarche fédéraliste alors que d'autres ne le sont pas encore. Il en est de même de la rigueur et de la souplesse. Certains pays sont habitués à la rigueur et à la discipline, d'autres à la souplesse et au laxisme. Tout cela se transmet dans les comportements et habitudes de tous les jours. Dans tous les domaines il existe toujours une différence d'habitudes et de mentalités. Les gens pensent toujours différemment selon qu'on est du Sud ou du Nord de l'Europe. Voilà pourquoi la convergence de discipline budgétaire est aujourd'hui quasi impossible. La marche vers la convergence n'est pas pour aujourd'hui, ni même pas pour demain. Il faudra encore du temps.
Faut-il organiser une Europe à deux vitesses : Une pour ceux qui veulent avancer et l'adhésion pour ceux qui veulent mettre du temps pour décider à l'instar de la zone euro ? À mon avis, c'est la meilleure solution, car, s'il faut attendre ceux qui ne veulent pas avancer ou ne sont pas encore prêts, il n'y aura jamais d'union politique plus poussée. La monnaie unique ne peut pas bien fonctionner car les habitudes ne sont pas les mêmes et les intérêts nationaux sont aussi divergents. C'est pourquoi une volonté plus forte des dirigeants et des peuples est nécessaire. Aujourd'hui cette forte volonté fait défaut chez certains. C'est tout le problème actuel.
Si certains ne veulent pas davantage d'union politique mais sont les premiers à exiger plus de responsabilité économique de l'Allemagne, alors que diront les Allemands ? Ils vont se sentir moralement contraints à le faire à cause de leur passé. Ce serait une erreur de leur part, car ce n'est pas parce que l'Allemagne a un passé lourd mais lointain que ses enfants et petits-enfants qui n'ont pas connu la guerre vont payer éternellement le prix

du passé de l'Allemagne nazie. Si on peut se permettre de faire une comparaison, on peut bel et bien dire aussi que d'autres pays en Europe ont eux aussi du passé lourd. Mais leurs enfants et petits-enfants ne se sentent pas aujourd'hui responsables. Ces autres pays, la France en tête, ont eux aussi commis des crimes en Afrique en pratiquant pendant des siècles de l'esclavage et vidé le continent africain de ses enfants valides. Mais aujourd'hui, les enfants de ces pays ayant commis ces crimes d'esclavage en Afrique ne se sentent pas concernés car c´était leurs arrière-grands-parents et grands-parents qui les ont commis. Donc, ces enfants et petits-enfants ne vont pas et ne doivent pas porter le fardeau de leurs grands-parents et arrière-grands-parents, ce qui est logique.
Je ne vois donc pas pourquoi (et ce n'est pas logique et normal que) les enfants allemands d'aujourd'hui gardent éternellement en eux ce sentiment de culpabilité de crimes qu'eux-mêmes n'ont ni commis ni connus.
À travers l'histoire et les images, on a appris comment ces esclaves noirs ont été transportés en mer dans des conditions atroces avec des chaînes au cou comme du bétail. Les parents étaient séparés de leurs fils ou filles. Certains mouraient en mer avant même l'arrivée à destination qu'ils ignorent dans ces voyages qu'on appelle « voyages sans retour ». Les corps de ces derniers sont jetés en mer. Certains esclaves qui se révoltèrent au cours de ces voyages furent sévèrement battus et châtiés pour dissuader les autres de suivre leur exemple.
Malgré cette barbarie inhumaine, quel prix les auteurs de ces crimes (*contre tout un continent noir*) ont-ils payé aujourd'hui à l'Afrique? Rien ! Au contraire, quand les jeunes Africains viennent en Europe aujourd'hui, au lieu d'être accueillis en signe de *Repentance*, ils sont traités de quémandeurs et d'affamés. Ce sont les séquelles du passé esclavagiste relayé par le colonialisme qui ont contribué à

la destruction de ce continent africain et créé cette situation, mettant dans le désespoir absolu et perpétuel les jeunes Africains qui ont pourtant une grande volonté d'en sortir.
Alors, pourquoi les enfants et les petits-enfants de l'Allemagne qui n'ont jamais eux non plus connu la guerre, et en ont seulement entendu parler à travers les témoignages et les ouvrages d'histoire, doivent se sentir toujours coupables et porter ce fardeau de culpabilité de ce que l'Allemagne nazie a commis, de façon éternelle ? Alors que les autres pays européens qui ont commis eux aussi des atrocités en Afrique et pratiqué l'esclavage, un acte aussi atroce et inhumain, ne portent en eux aucun sentiment de culpabilité ou de repentance envers l'Afrique ? Quelle commémoration digne de ce nom se fait aujourd'hui en hommage ou en mémoire des esclaves qui ont tant souffert avant de mourir ou qui sont morts au cours de leurs voyages dans des conditions particulièrement inhumaines en mer ? Ces pays qui ont pratiqué l'esclavage, la France en tête, ne font rien pour sensibiliser les esprits sur l'atrocité et la barbarie de cette pratique de leur passé. Au contraire, ces pays cachent en permanence leur passé négatif et honteux pour ne pas voir la réalité de leur histoire en face. L'histoire est particulièrement lourde dans tous les pays de l'Europe. Ce n'est pas seulement l'Allemagne qui a un passé lourd en Europe. La France aussi a le sien, si sombre qu'elle n'aime pas le regarder en face. Le désir ou la folie de domination est partout dans l'histoire européenne. Comparativement aux commémorations chaque année pour rappeler le lourd passé de l'Allemagne, pourquoi la France, qui a commis aussi le crime de « la traite négrière » ne commémore pas ce temps sombre de son histoire pour rappeler son passé, afin que les générations futures ou ceux qui n'ont pas connu ce temps d'atrocité et de barbarie le vivent à travers

les témoignages et les ouvrages de l'histoire ? Pourquoi l'histoire de l'esclavagisme n'est pas enseignée à l'école en France, alors que tout est focalisé sur le lourd passé de l'Allemagne et la guerre ? Pourquoi les films et la réalité de ses atrocités esclavagistes ne sont-ils pas aussi montrés comme les autres crimes de l'histoire de l'humanité pour sensibiliser les esprits en France ?

C'est une interpellation de la conscience.

Pourquoi ce « deux poids-deux mesures » en France ? Est-ce à dire que les Africains, eux, ne sont pas des êtres humains méritant la dignité humaine ? C'est le même sang qui coule dans les veines de tous les êtres humains. Ce n'est que tout récemment, en 2001, que l'esclavage a été reconnu en France comme crime contre l'humanité à l'initiative de Madame Christiane Taubira, alors députée qui a fait voter une loi dans ce sens.

Pourtant, un tel crime a été commis il y a déjà des siècles. L'hommage doit être rendu à cette femme courageuse et talentueuse qui a fait reconnaître l'esclavage comme un crime. Je trouve ce mutisme français insultant et dérangeant vis-à-vis de l'Afrique et aucune personnalité politique française avant elle n'avait eu l'idée ou le courage politique de le faire, tout simplement parce que cela n'arrange pas l'histoire de la France, une France qui se présente toujours comme le pays des droits de l'Homme. Comme c'est dans la nature de l'être humain, il est plus facile de se présenter en victime que comme accusé. Mais il faut dire qu'on ne trie pas l'histoire, entre la bonne et la mauvaise, entre ce qui arrange et ce qui n'arrange pas. L'histoire est un tout qui rappelle le déroulement du passé d'un pays, ou ce ne serait plus l'histoire. On assume l'histoire. L'Allemagne a assumé son histoire et a payé très fort les dommages de la guerre. Elle regrette ce passé lourd. Combien la France, elle, a payé à l'Afrique pour réparer les dommages de l'esclavage ? Les pays européens qui ont commis des crimes contre l'humanité devraient aussi accepter d'assumer ce lourd passé de leur histoire envers ce continent africain en commençant par la France, la pionnière de l'esclavage et qui cache cette histoire atroce à ses enfants en évitant de la commémorer dignement. C'est une façon d'esquiver son passé et de ne pas le regarder en face. Mais, qu'elle le veuille ou non, son passé c'est son passé. Elle ne peut pas l'effacer.

Le passé éclaire l'avenir et guide les pas du futur pour ne pas tomber dans les mêmes erreurs. Si la France n'aime pas regarder son propre passé, comment peut-elle éclairer les pas de ses enfants afin qu'ils ne tombent plus dans les mêmes erreurs ? Comment ses enfants peuvent-ils prendre conscience de la gravité criminelle qui est l´esclavage pratiqué par leur pays, la France en Afrique ?

Il en est de même des atrocités que la France a commises pendant la guerre d'Algérie. Elle n'a jamais eu le courage de présenter ses excuses envers ce pays non plus. Elle n'a jamais voulu assumer son passé négatif esclavagiste et colonial envers le continent africain. Pire encore, pour camoufler ce passé, elle a fait voter en 2005 une loi controversée pour vanter le caractère positif de la colonisation sans avoir au même moment le courage de regarder en face le côté négatif de cette même colonisation française. Je trouve cela insultant vis-à-vis du continent africain. C'est seulement François Hollande élu président qui multiplie les bons gestes francs et sincères en ce sens. Il faut reconnaître quand même que dans les dossiers africains, François Hollande, lui, serait bon à mon avis car il est humaniste et sincère. Il n'aime pas l'injustice.

Tout pays doit pouvoir regarder son passé et son histoire en face, qu'ils soient négatifs ou positifs et ne peut pas s'y dérober. Je pense qu'aujourd'hui, l'Allemagne a reconnu son lourd passé. C'est d'ailleurs la raison pour laquelle à mon avis, elle s'est beaucoup sacrifiée pour la construction de l'Europe en prônant la paix et en mettant son économie au service du continent. Il faut que la France présente aussi ses regrets à l'Afrique au lieu de continuer d'une manière ou d'une autre à pomper sans gêne de conscience, les matières premières de ce continent noir tout en continuant à protéger les dictateurs qui ne se soucient guère aussi de la souffrance de leur peuple qui se livre à la misère alors que ce continent noir est regorgé de richesses immenses. La France se rabaisse par de tels comportements. Mais, il est aussi temps de reconnaître que l'Allemagne seule ne peut pas porter le fardeau économique de l'Europe éternellement. On lui demande beaucoup. En tant que citoyen allemand, je soutiens pleinement la position de la chancelière allemande contre les Eurobonds. Ces Eurobonds ne sont qu'une manière de faire participer l'Allemagne aux promesses démesurées de campagne de François Hollande en France. C'est un moyen pour profiter de l'économie allemande. Si un dirigeant a de bonnes idées ou des ambitions pour son pays, ce n'est pas avec l'économie allemande qu'il va les réaliser. Face à la situation actuelle, l'Allemagne n'a plus d'autres choix que de prendre ses responsabilités pour l'avenir de son économie. Il y a trop de « laisser-aller » dans certains pays de l'Union, car il n'y a aucun contrôle budgétaire mis en place pour assurer l'équilibre. La corruption à grande échelle en Grèce par exemple plonge le pays dans la crise et c´est l´Allemagne qui va payer.

Une décennie après la mise en circulation de la monnaie unique, le laxisme est étalé au grand jour mettant l'économie européenne en berne et les crises se multiplient. Il faut que les gens arrêtent de crier tout le temps que l'Allemagne profite de la zone euro. L'euro profite à toute la zone euro et non pas seulement à l'Allemagne. Il faut avoir l'honnêteté de reconnaître même que l'euro profite plus aux petits pays de l'Union qu'aux grands pays car l'Allemagne a longtemps mis son carnet de chèques au développement de l'économie européenne. Si cette crise arrivait un jour à l'Allemagne, je ne vois pas quel pays de l'Union européenne pourrait se montrer prêt à l'aider avec bonne volonté et sans critique délirante ? Au contraire, elle ferait l'objet de commentaires ironiques dans tous les journaux des pays du Sud de l'Europe.

Sans même parler de la subvention allouée aux agriculteurs dans chaque pays de l'Union européenne dont le bénéfice est attribué au prorata, pourquoi ceux qui prétendent que l'euro profite à l'Allemagne ne prennent pas cela en compte dans leur raisonnement ? Est-ce à dire qu'il y a plus d'agriculteurs en Allemagne que dans le reste de l'Union ? À qui cela profite le plus ? Est-ce aux agriculteurs allemands ? C'est un exemple parmi tant d'autres que ceux qui critiquent l'Allemagne ne voient pas. Certains pays pour justifier leur faiblesse économique et leur chômage criant, se permettent de se déculpabiliser aux yeux de la population en pensant que si le taux de chômage est faible en Allemagne mais fort dans d'autres pays de l'Union, c'est parce que la population en âge de travailler s'accroît plus chez eux qu'en Allemagne. Certes, la population allemande vieillit et ne se renouvelle pas aussi vite qu'ailleurs, mais cela seul ne suffit pas à justifier le faible taux de chômage allemand. Il y a aussi le facteur « croissance » qui réduit le chômage en Allemagne.

Actuellement, on a l'impression qu'un nouveau dialogue de sourd s'installe entre François Hollande et Angela Merkel depuis le mini-sommet de Rome du 22 juin 2012. La chancelière Angela Merkel souhaite une Union politique européenne forte. Ce qui veut dire une marche vers l'abandon d'une partie de la souveraineté nationale à Bruxelles. François Hollande, lui, ne veut pas en entendre parler. Pour lui, avant qu'il n'y ait abandon de souveraineté en faveur de Bruxelles, il faut qu'il y ait d'abord plus de solidarité, sous-entendu Eurobonds, ce qu'Angela Merkel ne pourra jamais accepter. Pourtant, son Premier ministre Jean-Marc Ayrault a laissé entendre avec réalisme dans l'hebdomadaire allemand *Die Zeit* du 21 juin 2012 que cette idée d'Eurobonds est bonne mais ne pourrait pas voir le jour dans un avenir proche, plutôt dans une dizaine d'années compte tenu de son rejet par l'Allemagne, ce qui peut se comprendre.

Ainsi, il y a maintenant d'un côté les partisans du fédéralisme européen, et de l'autre les partisans de la souveraineté nationale. Un pays ne peut pas vouloir garder toute sa souveraineté nationale qui lui engendre naturellement des droits et en même temps vouloir partager avec les autres pays de l'Union européenne, ses obligations souveraines qui incombent à lui seul. Cela n'a aucun sens. C'est comme un bilan comptable : on veut garder jalousement à soi-même ce qu'on a dans le compte crédit mais on souhaite partager avec ses voisins les obligations du compte débit. C'est schématiquement ce que demande François Hollande à l'Allemagne.

C'est ce qui amène d'ailleurs le *Wall Street Journal* du lundi 25 juin 2012, quotidien américain de référence en matière économique, dans son titre en anglais « France Is Main Obstacle to a Euro Solution » qui voudrait dire que la France bloque toute issue de sortir de la crise de la zone euro en demandant trop à l'Allemagne, et que donc elle a tort. Propos rapportés la même semaine en France dans *20 Minutes, journal libre.* Ce *Wall Street Journal* poursuit son raisonnement en disant qu'on a l'impression que tout le débat repose sur la question de savoir si oui ou non l'Allemagne va faire des chèques en blanc, notamment pour les banques espagnoles.

Posons sérieusement cette question qui mérite plus d'attention : Trouvons-nous sérieux que les contribuables d'un pays de l'Union européenne payent pour les banques en difficulté d'un autre pays, mal gérées, peu importe qu'elles soient banques publiques ou privées ? Je les considère toutes comme des sociétés parmi tant d'autres qui ne bénéficient pas de ce traitement de faveur alors que ceux qui travaillent dans les banques perçoivent aussi leur salaire chaque fin de mois comme tout employé des autres secteurs privés ou publics. Actuellement, le magasin allemand Schlecker est en difficulté financière en Allemagne et vient d'être fermé dans toute l'Allemagne. Est-ce que les contribuables espagnols vont contribuer à sauver ce grand magasin allemand et ses salariés qui ont passé toute leur vie à y travailler ? Évidemment, non. Pourquoi alors, les Allemands, eux, vont aller sauver une société en Espagne (puisque la banque est une société même s'elle est une société financière), peu importe la nature ? Pourquoi toutes les sociétés ne bénéficient-elles pas du même traitement, alors que les salariés d'autres secteurs sont aussi contribuables que ceux qui travaillent dans les banques ? Les contribuables sauvent les banques quand elles sont en difficulté et indirectement garantissent l'emploi à leurs employés. Qui paie pour les autres sociétés en faillite, pour garantir l'emploi à leurs salariés ? C'est une question de bon sens. Où est l'équité dans tout cela ? Il faut que les dirigeants politiques responsabilisent les banques. Le contribuable ne va pas payer pour les banques et les actionnaires qui, eux, se partagent les dividendes quand il y a bénéfice. On me dira que la banque n'est pas un secteur comme les autres mais ceux qui travaillent dans le secteur bancaire doivent assumer leur responsabilité. Chaque pays doit intervenir pour avoir un droit de regard sur les banques qui sont sur son territoire. L'Union européenne peut aider les États dans leur difficulté budgétaire mais il est injuste que l'argent du contribuable d'un pays intervienne aussi dans le sauvetage d'une banque étrangère avec laquelle ce contribuable n'a rien à voir ou n'a aucun lien de près ou de loin. Cette monnaie unique qu'est l'euro nous conduit à la dérive et aux abus. Il faut que la charge du sauvetage des banques revienne seulement aux pays dans lesquels se trouvent ces banques en difficulté. C'est aux pays de sauver leurs propres banques respectives. Je trouve complètement et politiquement incorrect que le contribuable aide directement les banques d'un pays à travers l'Union bancaire qui sera mise en place suite à l'accord de Bruxelles des 28 et 29 juin 2012. Faut-il aider les États et aussi leurs banques ? Où est le bon sens dans tout cela ? Le contribuable est devenu une vache à lait.

Cette décision de Bruxelles des 28 et 29 juin 2012 n'aura que des effets pervers dans le milieu bancaire car elle ne fera que rendre encore plus irresponsables et insouciants les banquiers dans leur comportements. Ils savent désormais que s'ils commettent des erreurs qui peuvent entraîner leur banque en faillite, des fonds de garantie et de stabilité renfloueront leur caisse. L'euro ne pourra plus survivre longtemps selon moi, car si on met cette mesure en marche, cela encouragera les banques à prendre des risques énormes.

Comment un contribuable allemand peut payer pour une banque espagnole ? Trouvez-vous cette idée juste ? Voilà également Chypre qui donne l'alerte pour ses banques et les contribuables allemands vont aussi injecter de l'argent là-bas pour sauver celles-ci. Il y a vraiment une urgence politique en Europe, car cela ne pourra pas continuer ainsi. La monnaie unique est un grand problème auquel doit être trouvée une solution rapide, par une politique forte et volontariste. La rigueur doit être la règle.

Dans son entretien donné à l'hebdomadaire *Le Point* à Berlin à la fin du mois de mai dernier, Gerhard Schröder, ancien chancelier allemand a également donné son avis sur le fédéralisme de façon optimiste. Selon sa vision des choses, l'Europe de demain s'apparentera à ce que sont les États-Unis d'aujourd'hui mais avec une architecture qui consistera à donner des pouvoirs étendus au Parlement européen, à la Commission européenne et au Conseil européen tout en soulignant que la marche vers l'union politique sera plus facile pour l'Allemagne que pour la France. J'ai déjà donné plus haut mon point de vue sur les raisons de cet état de fait, à savoir le fédéralisme en Allemagne et l'État unitaire en France. Cette nature différente de leur système politique va rendre la marche vers le fédéralisme européen compliquée, car la France n'en veut pas. Elle est habituée à la concentration des pouvoirs à Paris. Elle n'est pas encore prête. J'ajouterais ironiquement qu'elle est seulement prête à partager ses dettes souveraines (Eurobonds) avec les pays du Nord vertueux à économie plus saine mais qu'elle n'est pas prête à partager sa souveraineté budgétaire avec Bruxelles. François Hollande lui-même s'est pris dans son propre piège. En défendant les Eurobonds, il précipite l'Europe vers le fédéralisme souhaité par l'Allemagne pour mieux contrôler l'argent qu'elle dépense en faveur de l'Europe et de ceux qui vont en bénéficier. Les Eurobonds seront le fruit d'une intégration politique plus poussée. C'est l'union politique qui donnera naissance aux Eurobonds ou à la solidarité, qui est le nouveau terme de François Hollande.

Aujourd'hui le message de l'Allemagne est très clair et peut se résumer ainsi : « Vous voulez mon argent. J'accepte, mais donnez-moi d'abord les moyens de pouvoir contrôler comment cet argent sera dépensé. Sans ce moyen de contrôle, je ne vous le donnerai pas ». Ce moyen c'est le renforcement des pouvoirs des institutions européennes au détriment des pouvoirs nationaux. En un

mot, l'abandon de souveraineté budgétaire au profit de Bruxelles.
L'Allemagne acceptera la mutualisation des dettes (Eurobonds) seulement le jour où elle sera en mesure de pouvoir contrôler les dépenses des États laxistes et que tous les garde-fous européens auront été mis en œuvre pour contrôler les dépenses. Sans cela, François Hollande peut tout faire, Angela Merkel ou aucun chancelier allemand, même du SPD, n'acceptera jamais les Eurobonds, car ils savent le danger que cela représentera pour l'économie allemande dans l'avenir.
Angela Merkel voit les baromètres politiques et les sondages quand on pose aux Allemands les questions sur la crise et sur l'euro. Elle voit tout. Elle sait qu'en 2013, ce sont les Allemands qui vont voter et non pas ceux qui la critiquent en Europe. C'est pourquoi elle préfère être en bon terme avec son peuple plutôt que de se le mettre à dos à un an des élections. C'est la fermeté qui est son arme efficace en matière de politique européenne car elle sait que c'est ce que veulent les Allemands. Elle restera toujours ferme et intraitable sur la crise européenne. Ce faisant, le président français cherchera appui chez ses alliés du SPD pour l'affaiblir à l'intérieur même de Allemagne et au Bundestag, dont elle a besoin des voix. Mais ses alliés du SPD savent aussi ce que veulent les Allemands et ils doivent se montrer prudents quand ils soutiennent Hollande, s'ils espèrent gagner en 2013. C'est un jeu triangulaire difficile entre Hollande, le SPD et la chancelière Merkel. Leur arbitre est le peuple allemand qui tranchera en septembre 2013. Aujourd'hui, Angela Merkel est en « *Pole Position* », comme on le dit en Formule 1, pour ces élections car le peuple qui va voter est actuellement de son côté et la chancelière allemande a l'occasion aujourd'hui de mener cette course de bout en bout, à moins qu'un événement majeur de politique

intérieure ou extérieure ne vienne changer la donne en faveur du SPD avant septembre 2013. Mais mon sentiment d'analyse aujourd'hui est qu'Angela Merkel va gagner car elle a la situation en main. C'est le programme politique de Hollande avec ses idées d'Eurobonds qui contribueront fortement à sa victoire. Donc on peut conclure en quelque sorte que la victoire de Hollande à l'Élysée en tant que président socialiste n'est pas du tout un obstacle à la chancelière aux prochaines élections législatives mais au contraire, jouera en sa faveur à travers leur profonde divergence et la fermeté de cette dernière. C'est le SPD qui en fera plutôt les frais si ce parti d'opposition allemand se rapproche trop de François Hollande et de son programme économique. Au sommet de Bruxelles des 28 et 29 juin 2012, la chancelière a levé un peu le pied sur les freins pour se montrer souple envers Mario Monti et Mariano Rajoy, afin que ce sommet très attendu en Europe ne soit pas un échec. Mais on doit se poser une question : lors de la conférence de presse que François Hollande a donnée à Bruxelles à la fin du sommet, il a précisé que Monsieur Mario Monti l'avait informé de cette pression italienne (que moi j'appellerais plutôt un chantage comme tant d'autres). S'il en est ainsi, est-ce que Monsieur Monti a aussi informé Angela Merkel, au même moment qu'il l'a fait à Hollande, ou bien est-ce seulement Hollande qui est informé de ce complot de la nuit du 28 juin pour mettre pression sur Angela Merkel ? Si Angela Merkel, elle, n'a pas été informée à l'avance comme Hollande, on peut dire qu'il s'agit bien d'une complicité entre les trois : Hollande, Monti et Rajoy. Sinon, je ne vois pas comment, à la dernière minute, ils peuvent subitement conditionner la signature du pacte de croissance par l'adoption d'autres exigences en faveur de l'Italie et de l'Espagne alors que ce pacte de croissance émane même du président Hollande,

leur allié ? Il y a quelque chose qui n'est pas clair à ce stade.
Si les choses se concluent entre Monti et Hollande avant que Merkel ne soit mise au courant, je ne vois pas la raison de ces mini-sommets à quatre comme celui du 22 juin 2012 en Italie, alors que François Hollande s'est préalablement rendu quelques jours auparavant chez Mario Monti en Italie. Cette méthode n'inspire pas la confiance. Angela Merkel doit pouvoir dire non à ces mini-sommets organisés en Italie à l'initiative de Monti ou de Hollande avant des rencontres à Bruxelles.
Pour ce coup réussi de Mario Monti à ce sommet de Bruxelles des 28 et 29 juin 2012 avec le soutien ou la complicité de Hollande, il ne faut pas crier « victoire » trop vite pour le trio (Monti, Hollande, Rajoy) comme cela a été annoncé dans les journaux des trois pays concernés le samedi 30 juin 2012 (France, Italie et Espagne). Dans le quotidien français *Libération* par exemple du 30 juin 2012, on a vu un montage de photos montrant François Hollande et Angela Merkel dans le maillot de foot de leur pays respectif avec un score de 1 à 0 en faveur de François Hollande. Mais, encore une fois, il ne faut pas crier « victoire » trop vite. Angela Merkel n'a pas du tout lâché la partie. Elle a seulement levé un peu le pied. Elle va encore surprendre dans les mois à venir au gré des événements. D'ailleurs, la Finlande est en train de dénoncer les accords des 28 et 29 juin 2012 et n'a pas encore dit son dernier mot. Sa ministre des Finances a dit clairement que la Finlande ne paiera pas les dettes des autres pays et risque de remettre l'accord en cause. Le lundi 9 juillet 2012, les quotidiens français se jettent sur la nouvelle du jour que la France emprunte à des taux négatifs et cela fait sourire. Mais le *« club de la vertu »* nécessite rigueur et discipline budgétaire. La France est-elle prête pour cette discipline et cette rigueur ? On ne

rejoint pas le « club des pays vertueux » si on ne remplit pas les conditions de la vertu budgétaire. La France est en train de rêver pour ce club de la vertu budgétaire alors même que les dirigeants français ont peur de prononcer le mot « *rigueur* » dans leurs discours, un mot qu'ils évitent sérieusement dans les propos à chaque intervention publique. « *Le club de la vertu budgétaire* » appartient aux pays du Nord comme l'Allemagne, les Pays-Bas, la Finlande, l'Autriche, le Danemark, le Luxembourg (ainsi que la Suisse) qui ont intégré ce concept de *rigueur économique* dans leur programme et leurs habitudes. Si la France veut rentrer dans ce club, qu'elle s'approprie d'abord ce mot « rigueur budgétaire » dans son concept économique et accepte que la croissance passe par les réformes structurelles et non pas par les Eurobonds ou par les solutions à la keynésienne qui creusent davantage le déficit.

Chapitre 16

Période qui s'apparente à une cohabitation entre Hollande et Merkel

Les deux dirigeants français et allemand s'ignorent et mettent d'abord en évidence, l'intérêt national de leurs pays respectifs avant l'Europe. Cela vaut aussi bien pour la France que pour l'Allemagne. Dire le contraire ne serait pas honnête. En Allemagne, il y a une élection importante. Angela Merkel ne veut pas perdre car elle sait bien que c'est ce qu'attend Hollande. François Hollande, lui, ne cache pas son souhait de voir ses alliés du SPD remporter cette élection. L'atmosphère est digne de la Guerre froide entre les deux dirigeants car il serait difficile, très difficile même, pendant 5 ans, de travailler avec la France sans aucune confiance réciproque. La chancelière fera tout pour maintenir le cap et ne fléchira pas sa fermeté en matière de politique européenne. Dans les mois à venir, si elle voit qu'elle n'a pas réellement besoin des députés du SPD au Bundestag pour une éventuelle loi importante qui nécessiterait une majorité plus large avant ces élections, elle ne sera pas tendre avec ce parti allié de François Hollande. D'ailleurs, elle fera en sorte que sa politique ne dépende pas du SPD dans les mois à venir.

Malgré tout, François Hollande essaiera aussi de son côté de ménager Angela Merkel dans les déclarations ou conférences de presse pour ne pas trop froisser ses relations avec l'Allemagne. On a évoqué leur rencontre à Reims le 8 juillet 2012 pour la commémoration du 50e anniversaire du traité de réconciliation entre la France et l'Allemagne signé par de Gaulle et Adenauer. Ils ont aussi commémoré ensemble le 50e anniversaire du traité de l'Élysée à Berlin en 2013.

Mais cela n'empêchera pas les tensions entre Hollande et Merkel tant que subsiste la crise. Il faut le dire, il n'y aura aucune relation de confiance entre les deux dirigeants. Angela Merkel pourra-t-elle continuer à rencontrer le président français en vue de préparer les sommets de Bruxelles comme cela se faisait entre elle et Nicolas Sarkozy, tantôt à Paris, tantôt à Berlin? À mon avis, ce sera difficile et je ne vois pas l'utilité de ces rencontres car ils ne pourront pas travailler dans une atmosphère de confiance réciproque. Angela Merkel l'a quand même fait avant le sommet de Bruxelles des 28 et 29 juin 2012 en se rendant à Paris le 27 juin 2012. On ne sait pas qui des deux dirigeants en a pris l'initiative. Si c'est Angela Merkel, ces rencontres entre Paris et Berlin avant les sommets de Bruxelles ne dureront plus si elle constate que François Hollande ne fait pas d'effort pour améliorer les relations entre la France et l'Allemagne. Mais si c'est Hollande, alors, cela pourrait se poursuivre. Angela Merkel verrait ce geste comme une bonne volonté de François Hollande. Pendant ce temps, Mario Monti continuera peut-être à jouer le médiateur entre Hollande et Merkel en convoquant les réunions en Italie en faveur de ses propres intérêts. Mais à mon avis, Mario Monti, le chef du gouvernement italien, n'aura pas la même image qu'il avait auparavant auprès des Allemands avant le sommet de Bruxelles des 28 et 29 juin 2012. Car depuis ces accords, les Allemands ont l'impression que Mario Monti a floué la chancelière Angela Merkel en la prenant de court en plein sommet de Bruxelles pour exiger des mesures qui n'étaient pas dans l'ordre du jour et qu'Angela Merkel n'aurait pu accepter si ces mesures avaient été prévues dans le débat avant la rencontre. Car la chancelière aurait déjà rencontré de vives réactions de la part des Allemands avant son départ pour Bruxelles, ce qui l'obligerait sans doute à poser son veto.

Faisons ici un effort d'imagination : la chancelière se retrouverait actuellement devant ce dilemme. Alors, la question maintenant pour elle serait probablement de savoir s'il faut bannir les rencontres en Italie avant les sommets à 27 à Bruxelles (puisque cela ne fonctionne pas du tout avec François Hollande) ou bien s'il faut continuer à aller en Italie si elle est invitée en jouant l'apaisement, alors même que l'homme qui joue le médiateur est en même temps partisan et allié de Hollande ? De toutes les façons, il est délicat de prédire quoi que ce soit. Mais si Angela Merkel se maintient en position de force face au trio (Hollande, Monti et Rajoy), il vaut mieux qu'elle refuse de continuer d'y aller, car elle finira par céder aux pressions du trio et elle risquera de se faire critiquer sévèrement par la presse allemande.

De toute façon, qu'elle continue par aller en Italie ou pas, elle a intérêt à être sur ses gardes pour ne pas se faire piéger comme cela s'est passé à Bruxelles le 29 juin où le trio (Monti, Hollande, Rajoy) se donnait l'impression d'être sorti gagnant, ce qui a attiré la foudre de la presse allemande contre Angela Merkel.

Que se passerait-t-il après les élections législatives de 2013 en Allemagne concernant la tension entre Hollande et Merkel ? À mon avis deux hypothèses pourraient se dégager, selon qu'Angela Merkel gagnait ou perdait ces élections de 2013.

- Première hypothèse : la chancelière Angela Merkel gagnait ces élections. C'est la plus probable aujourd'hui si on prend en compte l'évolution de l'opinion allemande et la vive réaction des Allemands au lendemain du sommet de Bruxelles des 28 et 29 juin 2012 qui ont eu

l'impression que la chancelière a cédé face au chantage de Mario Monti, le chef du gouvernement italien.
Dans ce cas de figure, la victoire d'Angela Merkel en septembre 2013 changerait automatiquement l'atmosphère. François Hollande serait obligé de s'entendre avec elle dans l'intérêt de l'Europe. Il n'aura pas le choix. Ce serait alors une contrainte politique européenne pour lui. Les deux seront condamnés à s'entendre sur les dossiers importants. Son adversaire d'hier deviendra une vraie alliée pour le couple franco-allemand. Quant à cette dernière, elle sortirait renforcée de la situation. Du coup, elle s'imposerait en plus sur la scène européenne et François Hollande se verrait désormais dans une position de faiblesse, qu'il le veuille ou pas, car ils seront obligés de travailler ensemble jusqu'en 2017 puisque le mandat de chacun expirera en 2017. Cette situation de tension entre la France et l'Allemagne n'est ni souhaitée ni souhaitable. C'est pourquoi il est préférable que François Hollande se prépare psychologiquement pour 2013 pour déminer le terrain avec comme hypothèse que la chancelière pourrait gagner ces élections. Cela lui faciliterait la tâche s'il s'attendait à cette hypothèse de victoire de la chancelière, et dans ce cas, il n'y aurait plus d'*effet de surprise* pour lui quand Angela Merkel sera réélue après les élections de septembre 2013.
Il ne faudrait pas qu'il commette les mêmes erreurs qu'a commises Angela Merkel en soutenant Nicolas Sarkozy alors que ce dernier a perdu les élections présidentielles. Angela Merkel s'est retrouvée face à François Hollande dans une situation de tension ingérable pour les deux dirigeants car Hollande n'a pas du tout digéré le refus d'Angela Merkel de le recevoir au moment de la campagne présidentielle. Mais sur ce point, il faudrait encore rappeler que si Angela Merkel avait refusé de le recevoir, c'est en raison des thèmes de sa campagne au

sujet des Eurobonds et sa volonté réitérée de renégocier le pacte budgétaire déjà signé par un bon nombre des chefs d'État et de gouvernement, dont son prédécesseur Nicolas Sarkozy. Ce dernier a d'ailleurs été l'allié solide d'Angela Merkel au moment de ce pacte budgétaire décidé en 2011 à Bruxelles. La preuve en est qu'Angela Merkel n'avait pas la même position tranchée en 2007 à l'égard de Ségolène Royal quand cette dernière était candidate socialiste à l'Élysée. Ce sont donc bien les thèmes de campagne de François Hollande qui l'ont rendue aussi dure et parfois même méfiante envers les propositions de l'Élysée sur l'Europe. C'est comme ça qu'il faut voir objectivement les choses.

- Seconde hypothèse : la chancelière Angela Merkel perdait les élections de 2013. Ce serait la situation la plus confortable pour François Hollande si Angela Merkel subissait la défaite. Mais cette hypothèse est la moins probable aujourd'hui en Allemagne au vu des sondages et de la cote de popularité de la chancelière. Avec un chancelier issu des sociaux-démocrates (SPD) en 2013, il y aurait évidemment entente parfaite entre l'Allemagne et la France. Les relations seraient cordiales pendant le quinquennat de Hollande. Ils vont se retrouver dans la même situation qu'à l'époque Mitterrand-Kohl. François Hollande profiterait même de cette bonne entente pour chercher à déplacer le centre de décisions européennes à Paris. Les décisions émaneraient de lui. Il cherchera à ce que ses homologues du SPD s'alignent sur ses positions. Mais attention ! Le chancelier venant du SPD ne va pas suivre aveuglément François Hollande dans tous les domaines comme ce dernier pourrait le croire car, ce faisant, ce chancelier s'attirerait de vives critiques de la part des Allemands s'il donnait l'impression qu'il perd la partie face à François Hollande et qu'il le suit en sacrifiant les intérêts allemands. C'est justement cette crainte des

Allemands aujourd'hui qui peut faire perdre au SPD en 2013. C'est pourquoi, pour ces élections législatives, le SPD n'est pas dans une position confortable face à Angela Merkel. Elle a d'ailleurs enregistré une cote de popularité élevée dans un sondage publié le 5 juillet 2012 malgré sa décision du 29 juin 2012 au Conseil européen, fortement critiquée par les Allemands. Donc, ceux qui croient, dans la zone euro, qu'Angela Merkel est affaiblie en Allemagne font une erreur de jugement. Sa fermeté dans la crise européenne face à l'intransigeance de la France sur les Eurobonds joue grandement en sa faveur. En terme clair, l'intransigeance de François Hollande et son rapprochement avec le SPD rendent politiquement service à Angela Merkel au sein de l'opinion publique allemande. C'est la raison pour laquelle elle ne va pas fléchir sa fermeté, car si elle le faisait, l'opinion publique allemande se retournerait contre elle. La preuve en est que les Allemands ont vivement réagi quand elle a cédé aux pressions de Mario Monti au sommet de Bruxelles des 28 et 29 juin 2012 sur l'Union Bancaire et les MES (Mécanisme Européen de Stabilité). Si elle fait à nouveau une telle concession, elle risque de perdre sa popularité en Allemagne. Par analyse, on pourrait en déduire que les Allemands font confiance pour le moment à Angela Merkel et ne savent pas ce que ferait un chancelier issu du SPD (parti social-démocrate) quand ce parti serait aux commandes.

La crise européenne s'installe dans la durée et marquera les esprits en Allemagne. Cela m'étonnerait que les choses s'améliorent et que les esprits se calment en Allemagne avant les élections.

En plus, un autre épisode de tension se dessine à l'horizon entre Paris et Berlin. Il s'agit bien du poste de président de l'Eurogroupe occupé par le Luxembourgeois Jean-Claude Juncker dont le mandat prendra fin en juillet 2012. Le ministre allemand des Finances Wolfgang Schäuble est pressenti pour le remplacer à ce poste, mais depuis son élection, François Hollande ne veut pas entendre parler de ce candidat probable à la présidence de l'Eurogroupe. En raison de cette réserve manifeste de la France, Monsieur Juncker sera probablement maintenu par ses pairs à son poste pour quelques mois en attendant de trouver un consensus sur la personne qui va le remplacer. C'est dire qu'il y a vraiment un manque de confiance réciproque entre la France et l'Allemagne depuis l'élection de François Hollande. Cette tension ne se limitera pas seulement sur le terrain politique mas s'étendra aussi aux postes clés des institutions européennes. Les intérêts nationaux priment toujours dans chaque camp et chaque dirigeant souhaite voir son concitoyen occuper le poste pour se rassurer ou simplement par fierté nationale. Cette pratique de préférence nationale est même fréquente dans les institutions internationales mondiales.

Il ne faut pas se leurrer. La tension est bien réelle et durera dans le temps. Cette tension n'a pas encore sonné le glas. Quoi que l'on dise, ce couple franco-allemand ne sera pas le même qu'au temps de Nicolas Sarkozy, qu'on a surnommé « Merkozy ».

La divergence est profonde entre le chef de l'État actuel et la chancelière. La confiance a cédé la place à la méfiance.

Certes, la chancelière Angela Merkel à la célébration du 50e anniversaire de traité de réconciliation à Reims a parlé de relation incontournable entre la France et l'Allemagne pour rappeler la nécessité d'une bonne entente entre les deux pays mais cette bonne entente nécessaire serait-elle possible pendant ce quinquennat dans ce contexte de divergence, surtout si Angela Merkel gagne les élections ?

À mon avis, la tension qui oppose Angela Merkel et François Hollande est une question qui nécessite une analyse objective et de bon sens : quiconque voit les choses avec objectivité verra que tout chef d'État ou dirigeant de la zone euro, à la place de l'Allemagne, agirait comme le fait la chancelière allemande. On ne peut pas refuser la règle d'or budgétaire et en même temps vouloir les Eurobonds, c'est-à-dire la mutualisation des dettes souveraines de la zone euro. C'est une responsabilité collective des États de cette zone, les bons élèves comme les mauvais. Qui va payer pour les autres alors que les pays du Sud de l'Europe sont allergiques aux efforts de réformes ? La sincérité et l'objectivité de l'analyse voudraient qu'on donne pleinement raison à Angela Merkel.

Si François Hollande comprend une telle chose, ses relations avec la chancelière Angela Merkel seront bonnes. C'est de savoir que comme lui en France, la chancelière est investie d'un mandat national à défendre en Allemagne et qu'elle doit pouvoir expliquer à ses concitoyens contribuables, comment leur argent est utilisé pour l'Europe. Elle ne peut pas sacrifier leurs intérêts sinon elle risque de les mettre à dos. C'est une évidence. De plus, les marges de manœuvre de la chancelière Angela Merkel ne sont pas aussi grandes qu'en France où le président Hollande peut prendre facilement des décisions et engager la France sans trop s'inquiéter. Angela Merkel, elle, doit rendre des comptes au Bundestag et même parfois doit soumettre d'abord ses décisions à cette chambre basse pour avoir le feu vert des députés avant d'engager l'Allemagne. Sinon, la Cour constitutionnelle allemande à Karlsruhe remettra en cause toute décision que la chancelière pourrait prendre sans passer par le Bundestag, alors qu'une telle décision aurait dû peut-être être soumise d'abord à l'approbation des députés de cette chambre.

L'Allemagne adopte un régime parlementaire renforcé qui garantit le droit de regard du citoyen à travers les députés au Bundestag.

De plus, tout citoyen allemand a la possibilité de saisir la Cour constitutionnelle, s'il s'estime lésé par une disposition contraire à la Loi fondamentale allemande.
J'ai parlé, plus haut dans cet essai, du cas de l'ancien Premier ministre Lionel Jospin, qui pourrait jouer un rôle utile au côté du président François Hollande, comme par exemple Conseiller de l'ombre en raison de son bilan économique et social réussi quand il était à Matignon et surtout en raison de sa probité morale. Et voilà que lors de l'interview du chef de l'État, après le défilé du 14 juillet 2012, ce dernier a annoncé qu'il envisage de lui confier un rôle sur la moralisation de la vie politique. Il s'agit bien de l'instinct de la politique.
Je souhaite néanmoins un bon quinquennat à François Hollande. Mais s'il met trop l'accent sur le social, il risquerait de sacrifier son quinquennat par un déficit budgétaire record.
S'il mise aussi sur l'augmentation des impôts pour combler ce déficit budgétaire qui se dessine à l'horizon, il risquerait aussi de faire fuir les riches Français vers l'étranger pour se mettre à l'abri d'un impôt à hauteur de 75% qu'ils considèrent trop élevé. Il faut un équilibre. C'est pourquoi il vaut mieux emprunter la voie des réformes. Certes, c'est une voie difficile mais elle reste la plus sûre. C'est celle qui mènera à l'équilibre budgétaire.
Les relations franco-allemandes pendant le quinquennat de Hollande seront sans doute difficiles en raison de sa tension avec la chancelière allemande. Les élections législatives qui auront lieu le 22 septembre 2013 en Allemagne seront déterminantes pour le reste du quinquennat Hollande. Il n'y a aucun doute que ce dernier fonde tout son espoir sur la victoire de ses alliés du SPD pour pouvoir reprendre la main en matière de politique européenne. Il voit la chancelière allemande comme un handicap pour lui sur ce point. Il faut reconnaître qu'il y a

un manque de confiance réciproque entre les deux dirigeants. Et c'est le couple franco-allemand qui en souffre.
Le 22 septembre 2013, le président Hollande attendra beaucoup de ces élections de Bundestag. Le sort des relations franco-allemandes dépendra largement de l'issue des urnes et du positionnement du SPD par rapport à la CDU. La victoire éventuelle de ses alliés du SPD serait vue comme sa propre victoire. Cela lui permettra de reprendre la main et de remettre sur la table ses fameuses euro-obligations, tant contestées en Allemagne. Or, avec la chancelière allemande, ce mécanisme de mutualisation des dettes publiques de la zone euro ne verra jamais le jour, ce qui paraît aussi justifié à mon avis, car la règle de rigueur budgétaire n'est pas la même dans tous les États de la zone euro. Pour la mise en place d'un tel mécanisme, il faudrait au préalable penser à la mise en place d'un moyen de contrôle des dépenses publiques à l'échelle européenne pour éviter les abus. C'est justement à ce niveau que se situe la crainte de la chancelière et c'est pourquoi elle ne veut pas entendre parler des Eurobonds. D'où sa fameuse expression « Solange ich lebe, keine Eurobonds », « Aussi longtemps qu´elle vivra, pas d'Eurobonds ». Une phrase de la chancelière qui restera dans l´histoire des euro-obligations voulues par François Hollande mais que les Allemands n´accepteront jamais car l´Allemagne ne doit pas et ne peut pas payer éternellement pour ses voisins.

Bibliographie

-**DELETRE Bruno, Directeur Général du Crédit Foncier de France** : « Osons le fédéralisme pour sauver l'euro et notre économie » paru dans *Le figaro* du 27 juin 2012.

-**HUGUES Pascale**, Correspondante de l'hebdomadaire *Le Point* à Berlin : « Quand Schröder juge Hollande », article du 31 mai 2012.

- **JOSPIN Lionel, ancien Premier ministre** : intervention sur le thème « Crise de l'euro ou de la gouvernance de la zone euro ? » publié aux Économiques le 28 juin 2010.

- **KERDELLANT Christine, Rédactrice pour *Express*** : « L'Allemagne paiera », paru dans *L'Express* du 7 octobre 2011.

- **MERKEL Angela, chancelière allemande** „Solange ich lebe, keine Eurobonds", « Aussi longtemps que je vivrai, pas d'Eurobonds », prononcé à la section fédérale du FDP à Berlin contre les Eurobonds le 26 juin 2012, paru dans les quotidiens allemands dont *Die Welt.*

- **PAPANDRÉOU George, ex-Premier ministre grec** : « Un référendum aurait offert aux Grecs le sentiment de choisir leur destin », propos recueillis par Maria MALAGARDIS pour *Libération* du 15 juin 2012.

- **ALEXANDER Robin**: „Eiserne Lady"
Angela MERKEL, chancelière allemande surnommée « Dame de fer », article paru dans *Welt Kompakt* du 18 mai 2012 suite au remplacement immédiat du ministre fédéral de l'Environnement Norbert RÖTTGEN par Peter ALTMAIER, de la CDU, après sa défaite aux élections de la Rhénanie du Nord Westphalie au poste du ministre-président.

- **WEIDMANN Jens, président de la Bundesbank** : « Les Eurobonds, c'est comme une carte bancaire confiée à quelqu'un dont on ne peut pas contrôler les dépenses », propos rapportés dans *Le Monde* du 25 mai 2012 en France.

Index

J

K

L

M

O

P

R

Table des matières

L'Europe

aux éditions L'Harmattan

Dernières parutions

DÉSUNION (LA) EUROPÉENNE
Pourquoi ça ne marche pas ?
Dupont Federici Thomas
Le renforcement de l'intégration européenne semble être la solution pour sortir de la crise financière, économique et sociale que nous vivons depuis 2008. Or, l'idée de s'orienter vers une Union politique est rejetée par les populations. L'Euroscepticisme grandit, la crise prenant donc un nouveau visage pour devenir une crise politique. Cet ouvrage montre les raisons du refus du fédéralisme et avance également certaines solutions.
(13.00 euros, 112 p.)
ISBN : 978-2-343-00127-2, ISBN EBOOK : 978-2-296-53171-0

COOPÉRATION (LA) TERRITORIALE EN EUROPE
L'exemple de la frontière franco-espagnole
Trille Stéphanie - Préface de Nicole Belloubet
La coopération territoriale en Europe est un phénomène en constant développement. La frontière franco-espagnole est le théâtre de cette coopération, permettant d'observer les interactions constantes entre le local et l'européen, l'un et l'autre se légitimant dans cette interaction. Cette coopération participe au développement de la citoyenneté européenne, mais elle témoigne aussi de la complexité de la mise en œuvre de ces principes d'action publique au sein d'une réalité territoriale complexe.
(Coll. Inter-National, 15.50 euros, 154 p.)
ISBN : 978-2-336-00672-7, ISBN EBOOK : 978-2-296-53057-7

RUSSIE (LA), L'EUROPE ET LA MÉDITERRANÉE DANS LA CRISE
Guichard Jean-Paul, Berthomieu Claude, Ponomarenko Elena
L'Union européenne est fortement secouée par la crise ; les pays de la Méditerranée et des Balkans aussi. La Russie, avec ses matières premières, semble épargnée pour le moment. Cet ouvrage montre la diversité des modalités d'adaptation de ces différents pays face à la crise.
(Coll. L'esprit économique, série Le Monde en Questions, 35.00 euros, 342 p.)
ISBN : 978-2-336-29282-3, ISBN EBOOK : 978-2-296-53076-8

PRESSE (LA) QUOTIDIENNE EN GRANDE-BRETAGNE
Une analyse socio-historique de l'information médiatique
Zegout Kamel
Cet ouvrage étudie l'évolution de la presse quotidienne en décryptant les valeurs historiquement prônées et les pratiques effectives. Basé sur une approche socio-

historique, il scrute les rapports de sens entre les mises en forme de l'information et la manière dont celles-ci s'intègrent dans le cadre d'une stratégie entrepreneuriale soucieuse de la pérennité économique de l'entreprise de presse.
(20.50 euros, 194 p.)
ISBN : 978-2-336-29352-3, ISBN EBOOK : 978-2-296-53199-4

GABRIEL BETHLEN
Prince de Transylvanie et roi élu de Hongrie (1580-1629)
Harai Dénes
Parmi les princes de Transylvanie se distingue un homme dont le règne constitue, selon les contemporains et les historiens, l'âge d'or de la Transylvanie. Il s'agit de Gabriel Bethlen, prince de 1613 à 1629, et roi élu de Hongrie en 1620-1621. Pragmatique, tolérant, bâtisseur, vassal du sultan et allié du roi de France, ce prince calviniste se révèle un chef de guerre redoutable et un diplomate habile qui gouvernait efficacement son État à l'époque de la guerre de Trente Ans.
(Coll. Histoire Hongroise, 30.00 euros, 302 p.)
ISBN : 978-2-343-00137-1, ISBN EBOOK : 978-2-296-53111-6

ICH BIN EINE TERRORISTIN
Gaudissart Valérie
Une belle nuit, Violette, 11 ans et 3 mois, va ficher le camp. Dans son baluchon, quelques chocos BN, l'urne des cendres de sa grand-mère communiste chérie et un livre : *Les Lettres de prison* de Rosa Luxemburg, sa Rosa, cette « grande grande grande révolutionnaire allemande », assassinée en 1919, dont elle se sent l'héritière. Elle ira donc marcher dans ses pas, s'enfoncera de plus en plus loin vers l'Est et essaiera de changer le monde à sa manière...
(20.00 euros)
ISBN : 978-2-336-00804-2

AUTOUR DE RITA JONES
La Gran Via de Rita Jones – Ich bin ein Berliner
Morder Joseph
Ce DVD comprend 2 films. «La Gran Via de Rita Jones» (1996, 47 min). Avec Marie Nadouce. Aïda erre dans les rues de Madrid sur les traces de sa grand-mère, une certaine Rita Jones, star du music-hall d'origine juive allemande, déportée pendant la seconde guerre mondiale... «Ich Bin Ein Berliner» (1998, 51 min). Avec Erich Gockel. Chronique de la relation du réalisateur avec Berlin à travers des images du passé et celles des changements du présent.
(20.00 euros)
ISBN : 978-2-336-00797-7

MALGRÉ LES TÉNÈBRES
Une rencontre spirituelle avec Auschwitz
Auschwitz, c'est l'endroit le plus sinistre du monde. Pourtant, de nos jours, des foules y viennent rien que pour voir et faire du tourisme. Comment s'y rendre sans tomber dans le piège de la visite banale ? Bernhard Glassman Roshi, maître Zen de New York, s'est posé la question et a trouvé la solution : « La retraite Auschwitz ». Le film raconte l'histoire de cinq participants, en suivant leur

développement intérieur pendant la retraite. Comment changent-ils ? Tant de convictions s'ébranlent…
(20.00 euros)
ISBN : 978-2-336-00809-7

EUROPE PARTAGÉE, EUROPE DES PARTAGES
Sous la direction de Dufoulon Serge et Rouet Gilles
La crise actuelle serait peut-être une occasion de dessiner de nouvelles alliances, de nouvelles solidarités et de nouveaux équilibres au sein de l'Union européenne. Mais comment cette Europe partagée en politique peut-elle devenir une Europe des partages par et pour les citoyens ? L'Europe se construit du local des quotidiens plus que du global des institutions. Une Europe partagée, c'est une Europe qui se vit au quotidien. Il reste à apprécier, à découvrir voire à définir un projet collectif, européen.
(Coll. Local et Global, 23.50 euros, 240 p.)
ISBN : 978-2-343-00021-3, ISBN EBOOK : 978-2-296-51600-7

MONTÉE (LA) DU RACISME ET DE LA XÉNOPHOBIE EN EUROPE
Diagne Ousmane
Ce livre s'intéresse, parallèlement à l'histoire du racisme, à des phénomènes nouveaux tels que la «cyberhaine» et la «négrophobie». L'auteur pose un regard universel sur le phénomène du racisme et son extension et s'interroge sur sa présence institutionnelle par le biais de la représentation politique.
(11.50 euros, 92 p.)
ISBN : 978-2-296-99554-3, ISBN EBOOK : 978-2-296-53018-8

RISQUES (LES) PSYCHOSOCIAUX EN EUROPE
Analyse jurisprudentielle – Droit communautaire, Allemagne, Belgique, Espagne, France, Italie, Pays-Bas, Royaume-Uni, Suède
Sous la direction de Loïc Lerouge
Les risques psychosociaux au travail sont désormais l'objet de l'attention du législateur au sein des pays de l'Union européenne, mais à des degrés divers. Certains pays ont adapté des législations depuis un certain nombre d'années, d'autres ne s'y sont attelés que récemment. La portée et le recul sur ces textes sont aussi différents. Le rôle du juge est ici essentiel. Cet ouvrage propose ainsi d'étudier les risques psychosociaux au prisme de la jurisprudence.
(21.00 euros, 212 p.)
ISBN : 978-2-336-29091-1, ISBN EBOOK : 978-2-296-51562-8

EUROPE (L') À LA RECHERCHE DE SON PROJET SOCIAL
Sous la direction de Geneviève Duché et Ewa Bogalska-Martin
La crise financière, la crise économique et la dette publique dévoilent la fragilité de la construction d'une zone euro privée des moyens d'une vraie politique économique et monétaire, ainsi que l'impact du fonctionnement des marchés financiers non régulés et déconnectés de l'économie réelle. L'absence de projet social cohérent devient, en ces temps de crise, particulièrement préjudiciable pour le devenir de la construction européenne.
(Coll. La Librairie des Humanités, 27.00 euros, 258 p.)
ISBN : 978-2-336-29104-8, ISBN EBOOK : 978-2-296-51680-9

CONSTRUIRE L'ESPACE POLITIQUE EUROPÉEN. HISTORIOGRAPHIES, POLITIQUES ET TERRITOIRES
Building the european political space Historiography, Policies and Territories
Sous la direction d'Ariane Landuyt et Denis Rolland
La construction de l'espace européen est un sujet complexe. La crise économique et financière a ramené au coeur du débat l'architecture institutionnelle de l'Europe et son niveau de légitimation démocratique. La mise en oeuvre d'une politique plus solidaire requiert en effet la réalisation concrète d'un espace de démocratie. Tels sont certains des aspects qu'abordent ici nombre de spécialistes européens de haut niveau. (Articles en français et en anglais.)
(Coll. Inter-National, 30.00 euros, 292 p.)
ISBN : 978-2-296-99742-4, ISBN EBOOK : 978-2-296-51606-9

EUROPE CENTRALE ET ORIENTALE DEPUIS 1989
Changer le monde avec des mots
Sous la direction de Brigitte Gautier
La transition de 1989 en Europe de l'Est, redevenue ainsi «Europe centrale et orientale», a bouleversé le continent européen et les visions de l'histoire. Les changements ont influencé la langue, l'histoire et la littérature des différents pays. Il existe un avant et un après-1989 de la langue, qui devient plus riche, parfois anarchique, plus précise et surtout plus joyeuse. La littérature est là pour le prouver. Elle se réapproprie le passé de façon ludique et dévoile la complexité du présent.
(21.00 euros, 214 p.)
ISBN : 978-2-336-29278-6, ISBN EBOOK : 978-2-296-53025-6

DIFFICILE (LA) COHABITATION ETATS-NATIONS / EUROPE
Riva Jeanne
Si l'Union européenne exerce une force d'attraction, elle exerce aussi une force de répulsion, notamment en période de crise. Se pose ainsi la question de la cohabitation entre les 27 États membres de l'UE et l'UE elle-même, sur les plans spatial (jusqu'où l'UE s'étendra-t-elle ?), temporel (sera-t-elle durable ?), politique (qu'adviendront les souverainetés nationales ?) et social. Où en est donc le projet européen ?
(Coll. Intelligence stratégique et géostratégie, 21.00 euros, 202 p.)
ISBN : 978-2-336-29207-6, ISBN EBOOK : 978-2-296-51620-5

REGARDS SUR LA «CRISE» GRECQUE
Sous la direction de Joëlle Dalègre
Ce livre décrypte les phénomènes et les stéréotypes dominants concernant la Grèce et apporte des compléments, souvent introuvables par ailleurs, sur les réalités. Il peut se lire au niveau de l'Europe et à celui de la Grèce, considérée à la fois comme laboratoire expérimental des recettes néolibérales et comme cas particulier. Pourquoi la Grèce a-t-elle été élue premier «maillon faible» ? En quoi consiste son «sauvetage» ? Pourquoi persister dans un traitement destructeur ? La Grèce change-t-elle et en quoi ?
(27.50 euros, 266 p.)
ISBN : 978-2-343-00005-3, ISBN EBOOK : 978-2-296-53033-1

L'HARMATTAN ITALIA
Via Degli Artisti 15; 10124 Torino

L'HARMATTAN HONGRIE
Könyvesbolt ; Kossuth L. u. 14-16
1053 Budapest

L'HARMATTAN KINSHASA
185, avenue Nyangwe
Commune de Lingwala
Kinshasa, R.D. Congo
(00243) 998697603 ou (00243) 999229662

L'HARMATTAN CONGO
67, av. E. P. Lumumba
Bât. – Congo Pharmacie (Bib. Nat.)
BP2874 Brazzaville
harmattan.congo@yahoo.fr

L'HARMATTAN GUINÉE
Almamya Rue KA 028, en face du restaurant Le Cèdre
OKB agency BP 3470 Conakry
(00224) 60 20 85 08
harmattanguinee@yahoo.fr

L'HARMATTAN CAMEROUN
BP 11486
Face à la SNI, immeuble Don Bosco
Yaoundé
(00237) 99 76 61 66
harmattancam@yahoo.fr

L'HARMATTAN CÔTE D'IVOIRE
Résidence Karl / cité des arts
Abidjan-Cocody 03 BP 1588 Abidjan 03
(00225) 05 77 87 31
etien_nda@yahoo.fr

L'HARMATTAN MAURITANIE
Espace El Kettab du livre francophone
N° 472 avenue du Palais des Congrès
BP 316 Nouakchott
(00222) 63 25 980

L'HARMATTAN SÉNÉGAL
« Villa Rose », rue de Diourbel X G, Point E
BP 45034 Dakar FANN
(00221) 33 825 98 58 / 77 242 25 08
senharmattan@gmail.com

L'HARMATTAN TOGO
1771, Bd du 13 janvier
BP 414 Lomé
Tél : 00 228 2201792
gerry@taama.net

554251 - Janvier 2014
Achevé d'imprimer par

1livre.com
du rêve à la réalité !